AF281407

FIDEDIGNUM

Libro 2.
Al y el hipotético caso del yo

ᴜ

Gabriel «Gabi» Losa nació en Salamanca, Castilla y León, España, a finales de los años sesenta, en el seno de una familia numerosa. Cursó sus estudios de primaria y secundaria en la ciudad que lo vio nacer, finalizándolos en Wichita, Kansas, EE.UU. Se formó como piloto de aviación en Bremen, Alemania, y en Phoenix, Arizona, EE.UU y ha dedicado los últimos 35 años de su vida a volar como piloto de líneas aéreas por medio mundo. Padre orgulloso de dos hijas, viajero incansable, máster en Psicología General Sanitaria (UDIMA) y en Educación Sexual y Asesoramiento Sexológico (UCJC), cree en el advenimiento de un mundo más amable donde el amor se convierta en la única forma de existir.

© Gabi Losa, 2025

Ilustración de portada de Kenneth Patterson

I.S.B.N. obra completa: 979-13-87862-83-1
I.S.B.N. Tomo 2: 979-13-87862-85-5
Depósito legal: AB 858-2025

Este libro
se terminó de imprimir
el 29 de septiembre de 2025,
Fiesta de los Santos Arcángeles,
Miguel, Gabriel y Rafael.
Siempre presentes.

unoeditorial.com

FIDEDIGNUM

Libro 2.
Al y el hipotético caso del yo

GABI LOSA

U

Índice

PRIMERA PARTE.
AL Y EL HIPOTÉTICO CASO DEL YO

SEGUNDA PARTE.
TRASCENDER EL YO. EL NO-YO. CONOCERSE

En agradecimiento a mi familia por haber compartido conmigo, con generosidad e ilusión, los primeros pasos del camino. Os llevo siempre en el corazón. Que «lo incomprensible» nos nutra.

AL Y EL HIPOTÉTICO CASO DEL YO

Seguimos adelante. El camino continúa y hay varias cuestiones a las que conviene llegar para que este camino sea mucho más productivo. Podemos soltar lastres, hay anclas que podemos levantar, piedras que podemos retirar. La mente del yo no es nuestra verdadera esencia. Somos mucho más de lo que la mente del yo cree que somos. Al final de este segundo libro, vamos a introducir el concepto del no-yo. Es, de alguna manera, la segunda fase de este camino, aunque veremos que no es exactamente así.

Conviene recordar que este nunca es un camino recto. El recorrido tiene curvas de hasta 360 grados, de modo que parece que estamos otra vez justo en el comienzo. En ocasiones parece ser un laberinto, casi siempre parece ser un camino circular, y de alguna manera lo es. O acaso es una espiral infinita de transformación. La palabra «espiral» quizás sea la clave. El lector lo entenderá, o no, pero esperemos que así sea, que vislumbre un poema en espiral que contiene una experiencia vital motivadora de todas estas líneas. Volveremos sobre ello.

El camino con todos sus vericuetos
y sus rincones más coquetos,
también con sus verdes praderas,
sus arroyos y sus flores perfumadas,
sus nieves, sus riscos,
sus subidas y sus bajadas,
los bosques frondosos, la luz del sol,
la oscuridad, la luna y las estrellas,

el firmamento, el mar,
los riachuelos y las vistas más bellas.

Aparentemente, es siempre uno, pero conviene darse cuenta de lo que ocurre al caminar. El camino se modifica de forma constante y el caminante también está cambiando a medida que lo recorre, transformando con su paso el propio camino. Camino y caminante se reflejan el uno en el otro, interactúan y se transforman mutuamente. Son un único ser vivo, una simbiosis beneficiosa para ambos. Caminante y camino se nutren el uno al otro hasta fundirse en un único ser simbiótico. Lo iremos descubriendo a medida que recorramos este relato. A veces tendremos la sensación de avanzar, y muchas otras veces la de retroceder. Así es el camino. Camino y caminante son lo mismo y no lo son. Profundizaremos sobre ello más adelante. Mientras tanto, recordamos que hay que respirar, pedir ayuda. No estamos solos.

A continuación, extenderemos algunas ideas más sobre la conciencia del yo.

Resulta fundamental conocer perfectamente el yo, porque es el que siempre va a estar controlando la mente del yo. Intentemos no caer en el error de que una vez que ya sabemos que el yo existe, lo hemos trascendido y ya no nos afecta. Eso no es así. El yo va a estar siempre presente. Incluso cuando tengamos destellos de conciencia del no-yo, casi al instante el yo va a volver a aparecer. Intentemos ser conscientes y dediquemos, si podemos, toda nuestra atención a su observación. ¡Cuidado con dormirse en los laureles! No seamos incautos, no pensemos que ya no nos afecta. El yo va a estar ahí siempre, intentando ocupar toda nuestra capacidad mental. Intentemos permanecer vigilantes. El yo nunca se da por rendido. Adoptará formas mucho más sutiles para disfrazarse de no-yo, pero seguirá siendo el mismo yo, fuente de todo sufrimiento, la raíz del caos en la sociedad. No nos desviemos. El camino pasa, en primer lugar y siempre, por ser capaces de ver el yo y no perderlo de vista ni un solo instante.

1. Ego y ver

Y una vez que uno se ve a sí mismo, ya no necesita
que nadie más lo vea. A partir de ese momento,
es uno el que empieza a ver a los demás.

El ego es ciego.

Ver y mirar, examinar, observar, reconocer...,
percibirse o hacer visible al otro, una constelación de valores que el ego debe afrontar. Veamos.

Mirar es amar

«Mirar es amar», dice Anthony de Mello en su libro
Una llamada al amor. Todo lo demás parece ser falso.
Cuando la mirada está contaminada por el apego, no
estamos mirando, estamos viendo una imagen inven-
tada de lo que realmente estamos mirando, una fantasía exagerada que no se corresponde con la realidad.

Cuando la mirada está contaminada por el odio
o por la ira o por el enfado, no estamos mirando,
estamos viendo la insatisfacción proyectada en el
otro. Una mentira creada por la mente del yo que
está enajenada a raíz del dolor que siente.

Cuando la mirada está contaminada por el deseo,
no estamos mirando, estamos viendo las cadenas

que nos atan a esa aspiración, esas que creemos que no podemos romper. Otra mentira de la mente egoica, en este caso perturbada por la anticipación del placer que creemos que nos va a generar la satisfacción de ese deseo.

Cuando lo que vemos no coincide con lo que miramos, estamos viviendo fuera de la realidad, estamos siendo engañados por la mente del yo, por la programación, por el condicionamiento, por el ego. En definitiva, el acto de mirar está desprovisto de intención, aprobación, reconocimiento, proyecciones, exigencias, tensión, ansiedad, adicción, prejuicios, ideas, juicios, condenas, etiquetas, aversión, deseo, apegos, necesidades, mentiras, malicia, creencias, hábitos, dependencia, miedos... Para mirar, para mirarnos, tenemos que abandonar todo eso. Para reconocer el yo hay que abandonar todo eso. Para caminar, hay que abandonar todo eso.

Si volvemos a la parábola de la escafandra, podemos decir que cuando miramos con ella puesta, no estamos viendo el mundo como es. Pero cuando miramos, y lo que miramos coincide con lo que vemos, y esto coincide con lo que es, alcanzamos conciencia plena de la vida.

Entonces, ya no necesitamos ser alguien diferente ni hacer nada distinto para que los otros nos vean, porque ya podemos mirarnos a nosotros mismos y vernos como realmente somos. Ya no necesitamos que los demás hagan nada diferente ni que sean de ninguna manera en particular, porque nosotros ya podemos mirar a los demás y verlos como realmente son.

Ya no es preciso esforzarse por ser más o menos buenos para que Dios nos vea, porque él siempre nos ha mirado y nos ha visto tal y como somos. La diferencia es que ahora, desprovistos de todo, completamente desnudos, como en la verdad de la parábola judía, podemos mirar y ver a Dios en todo y en todos, porque en todo y en todos está. Y sí, aquí, sin rodeos, estamos desvelando parte de la idea primigenia que recorre, de abajo arriba y de dentro afuera, nuestro relato en estos libros y una parte importante de lo que subyace a las consideraciones sobre el yo y el ego y el no-yo y el Todo y el Uno y lo incomprensible y el camino...

Llegados a este punto, podemos decir que mirar supone estar absolutamente solos y, sin embargo, no sentirnos nunca solos. Supone vernos y perdonarnos, verlos y perdonarlos. Sin querer cambiarnos, sin querer cambiarlos. Sin juzgarnos, sin juzgarlos. Sin castigarnos, sin castigarlos. Amar es mirar y ver lo que es, lo que son, lo que somos. Solo eso. Mirar y ver.

En algún momento, a lo largo del camino, podremos decir que ahora ya podemos mirar y ver, ya podemos mirarnos y vernos, porque ya somos amor. Porque hemos despertado al amor. Ahí seremos libres. Ahí podremos ver lo que era así desde el principio: que estamos y siempre hemos estado unidos al Todo.

Pero recordemos que el camino nunca es un camino lineal. Intentemos permanecer vigilantes.

¿Cómo puedes decir que no ves?

¿Cómo puedes decir que no ves lo incomprensible cuando estás hecho de lo incomprensible? ¿Acaso no te ves a ti mismo? Mírate bien y di que lo que ves no es absolutamente extraordinario. ¿No te reconoces como extraordinario? Mírate de nuevo y observa cómo la esencia trasciende la materia y se funde con el cosmos. ¿De verdad quieres ver lo incomprensible? Mírate a ti, observa la inocencia, lo elevado de algunos pensamientos, la grandeza del corazón, la pureza de la esencia, la humildad, la alegría en la mirada, el amor incondicional.

¿Aún sigues sin verlo? No te preocupes. Mira a un bebé, fíjate en la sonrisa, escucha cómo ríe cuando juegas con él, fíjate en que no está preocupado por nada, solo está vivo, cumpliendo con su naturaleza divina, perfecto. Mira a un árbol, fíjate bien, es hermoso, perfecto, vive, acoge y da vida sin preguntarse nada, es su naturaleza divina. Lo mismo sucede con las plantas, las flores, los pájaros, las nubes, el agua, el fuego, el aire, el sol, las estrellas...

¿Aún sigues sin ver lo incomprensible? ¿Cómo crees que sería si existiera? ¿Cómo lo reconocerías? ¿Necesitas un milagro? ¿No te parece la vida un milagro? ¿Dónde crees que habitaría lo incomprensible si viviera? ¿Viviría en el cielo? ¿Dónde estaría ese cielo? ¿Acaso estaría por encima de las nubes, en algún lugar de este sistema solar, o en los confines de la Vía Láctea, o en Andrómeda quizá? Mira el universo, su inmensidad.

¿Sigues sin verlo? ¿Acaso esperas a que se te aparezca en forma humana y te hable? Pues fíjate que hoy es tu día de suerte: lo tienes delante y te está hablando a través de estas palabras.

¿Aún sigues sin creer? Creo que quizá no quieres creer, es posible que te dé miedo creer, porque la evidencia de la existencia de lo incomprensible es tan abrumadora que solo puede negarla quien se niega a sí mismo. ¿Quieres de verdad conocer lo incomprensible? Déjale que entre en la mente y la transforme. Pídeselo, pídelo, pídetelo. Aunque lo incomprensible ya está en ti, porque tú, de alguna manera, eres lo incomprensible y lo incomprensible es tú.

Soy consciente de lo que cuesta, pero prueba a soltar, a liberar la mente del yo, a ceder el control, a decirle adiós al ego, y hacerlo con el mismo amor con el que se despide a un buen amigo cuando uno inicia una aventura. Suelta amarras y verás cómo lo incomprensible emana de ti, en ti. Entonces, no solo verás lo incomprensible, sino que sentirás que estás en comunión con ello. Ese día, alguien se te acercará y te dirá que no ve lo incomprensible por ningún lado. Ese día lo incomprensible, a través de ti, le hará ver que él ya está también en comunión con lo incomprensible y que lo único que tiene que hacer es abrir bien los ojos y mirar con amor a su alrededor. Ese día, como hoy, lo incomprensible se dará a conocer a sí mismo, se presentará a sí mismo, otra vez, en este eterno presente. Sé que cuesta darse cuenta, pero es así.

Respirar. Pedir ayuda. No estamos solos.

El reflejo en el cristal

Uno se da cuenta de que se mira en el reflejo del cristal y no se ve, como Al mirándose en el reflejo de las casas burbuja. Ella veía su escafandra, nosotros vemos piel, pelo y ojos que ni tan siquiera son piel, pelo, ojos que no son de verdad, son solo reflejos en el cristal. Y, sin embargo, nos identificamos con ellos, los juzgamos, nos disgustan y hacen sentir mal. No es una desidentificación del yo, es el yo que no se gusta a sí mismo. Así, nos damos cuenta de que queremos dejar de mirarnos, deseamos ser diferentes, ser otros.

Reparamos en que la mente del yo odia la imagen que el espejo le devuelve, nos sentimos mal por proyectar esa imagen y deseamos tener otra imagen con la que identificarnos.

Uno se da cuenta de que a la mente del yo no le gusta la imagen que le devuelve el espejo y con la que se identifica, y que está en permanente conflicto, porque la imagen con la que se identifica no coincide con la imagen con la que le gustaría identificarse. A Al tampoco le gustaba lo que veía en el reflejo de la burbuja.

Uno se da cuenta de que no es a uno a quien no le gusta la imagen que el espejo le devuelve, sino a la mente del yo.

Uno se da cuenta de que no hay ningún problema con la imagen que el espejo le devuelve, sino con la idea que la mente del yo tiene sobre esa imagen.

Uno se da cuenta de que el problema y el conflicto son solo de la mente del yo.

Uno se da cuenta de cómo la mente del yo es capaz de sentirse mal con una imagen proyectada en el cristal con la que se identifica, pero que no acepta.

Uno se da cuenta de que el ego dice «esa imagen soy yo y no me gusta» y eso le genera conflicto, dolor y sufrimiento.

Uno se da cuenta de la importancia que el ego le da a la imagen que proyecta en el cristal.

Uno se da cuenta de cómo al ver esa imagen reflejada en el cristal, el ego se fortalece, aunque le duela.

Uno se da cuenta de que es posible no identificarse con la imagen que se refleja en el cristal.

Respirar. Pedir ayuda. No estamos solos.

La invisibilidad. Mirar es comprender

La invisibilidad. Esa sensación que uno tiene cuando, por lo que sea que ocurrió en la infancia, le hizo sentirse invisible, percibir que no le importaba a nadie. Ese sentir que aún hoy sigue condicionándole, provocando que hagamos todo lo que haya que hacer, incluso dejar de ser uno mismo, para que alguien nos vea, para ser especiales para alguien, para que alguien nos haga sentir especiales. ¿A dónde nos lleva ese servilismo hipócrita y falso, esa dependencia, esa adicción, esa necesidad, esa droga, ese apego, esa carencia? Pues nos conduce irremediablemente a convertirnos en esclavos de otros, a que hagan con nosotros lo que quieran, llegando incluso a abusar de nosotros.

El ego nos impide ver la grandeza y la sencillez en los demás y en nosotros mismos.

El ego vive en la mediocridad. El ego es mediocre y solo reconoce la mediocridad en los demás.

Mirar es comprender. Mirar sin comprender no es mirar.

Cuando veo, comprendo. Cuando no veo, juzgo.

A uno le hace feliz que lo vean, porque al ser visto se está viendo a sí mismo a través de los demás. ¿Ego?

Cada uno solo es capaz de ver desde donde está, por eso cuando uno mira, únicamente está viéndose a sí mismo. Podría parecer una obviedad, pero darse cuenta de que solo vemos desde donde estamos es una revelación fundamental para comprender la existencia de la conciencia del yo y de la conciencia del no-yo.

Todas las preguntas y todas las respuestas están condicionadas y limitadas por la conciencia individual y excluyente del yo. La mirada está contaminada por el yo.

El observador limita la experiencia, y lo hace por la propia conciencia de sí mismo.

La conciencia es algo más que unas gafas de ver, es la capacidad de ver. Es la capacidad de ver sin identificarse uno con el observador.

Cuanto más profunda y evolucionada es la conciencia, mejor es la visión de la realidad, más nítida. Uno solo ve aquello con lo que se identifica y reconoce en sí mismo.

Hay ciertas situaciones, ciertas palabras, ciertos actos y ciertos pensamientos que excitan el ego y otros que lo calman. Un ego excitado pierde todo contacto con la realidad. Un ego excitado deja de ver la realidad. Un ego calmado tampoco ve la realidad, pero al menos no está generando sufrimiento.

La idea del tiempo es una de las que más excita el ego, hasta el punto de que a la mente le cuesta distinguir entre ego y tiempo, siendo el uno y el otro completamente inseparables. El ego comprende el tiempo como algo temporal porque se está reconociendo a sí mismo.

Especular: del latín *specularis*, «perteneciente o relativo a un espejo».

La mente del yo únicamente puede especular, es decir, verse reflejada a sí misma en el espejo, que son los demás o lo demás.

El buda ve, la mente del yo especula.

2. El ego y la carencia

El ego se relaciona desde la carencia.

Al relacionarnos desde la carencia, esperamos que el otro satisfaga nuestras necesidades y, si no lo hace, nos sentimos decepcionados y frustrados. Por eso es importante darse cuenta de la propia carencia y ver cómo proyectamos nuestras necesidades en los demás.

Cuando no hay carencia, no hay expectativa y, por tanto, no hay sufrimiento. Cuando no hay carencia, hay un estado de plenitud, de paz.

La carencia nos impide dar y nos mueve a esperar recibir, a exigir. Carencia es igual a exigencia. La carencia está íntimamente relacionada con la idea de «perder» del yo. Toda pérdida es una idea del ego. El ego, ya lo dijimos, es acumulación. El no-ego ni acumula ni pierde.

No hace falta extenderse mucho sobre ello, ya he dicho antes que estos libros, aunque contengan infinidad de reflexiones, de afirmaciones e hipótesis de mayor o menor complejidad, no quiere ser ni es un tratado ni menos aún manual de nada. Además, tiene también, contadas de forma directa o entre líneas, historias personales, experiencias reales que se entrelazan con nuestras modestas disecciones del yo y la mente del yo, etcétera, que serán más frecuentes a partir de este libro. El de carencia es un sentimiento muy poderoso y lacerante. Vamos ahora, de hecho, con otra historia sobre la infancia y la falta de amor, contada en primera persona, tal y como la cuenta el ego.

Be water…

En mi familia siempre he sido «el pequeñín». Nací el quinto de cinco hijos. Parecía, o al menos a mí me lo parecía, que mi opinión era menos importante por ser más pequeño, y que mis problemas eran menores por el mismo motivo. Y así fueron pasando los años, pensando que mi opinión y mis problemas no eran demasiado relevantes para nadie, ni tan siquiera para mí. Así que me desconecté de mí mismo y me relativicé. Y crecí sin darle importancia ni a mis problemas ni a mis opiniones.

Digamos que asumí mi insignificancia, mi pequeñez. Hasta que un día mis problemas crecieron con la edad y se agravaron; me dolían de verdad, pero ni mi familia ni yo mismo queríamos ni podíamos aceptarlos ni afrontarlos. No quisimos ni supimos darle la importancia que tenían. Aprendí a crecer sin quejarme hasta que un día reventé. Y lo hice el día en que mis problemas me superaron y no pude ni ignorarlos ni huir de ellos, ni tampoco encontré apoyo en mi familia para solucionarlos, porque sencillamente ellos, mis padres, hicieron lo que hacían siempre desde que nací: empequeñecer mis problemas y hacerme más «pequeñín» a mí. Hacerme de menos, disminuirme; en el fondo, ignorarme. Dejar que los problemas se resolvieran solos y que no me quejara, porque encima les generaba ansiedad. No es un reproche. No pudieron hacerlo mejor, no sabían hacerlo mejor.

Así crecí. Invisible, sin derecho a quejarme, incomprendido. Y, hoy por hoy, sentirme amado por mi madre es lo que más sigo echando de menos. En esa búsqueda de sentirme querido he sustituido a mi madre y el amor que no me dio ni me da por el amor de Dios. Sin embargo, me he dado cuenta de que eso sigue siendo, de alguna manera, perjudicial para mí, ya que no deja de ser otra cosa que otra relación de dependencia, de enganche emocional, de empequeñecimiento de mí mismo, que conlleva no haberme convertido en un hombre adulto y libre. ¿He salido de una cárcel para meterme en otra? En el fondo, sigo sin ser libre, continúo buscando otra manera de protección. Intuyo que puedo sentirme amado por mí mismo —o quizá ni eso—, pero quiero dejar de buscar el amor en cualquier parte, de estar mendigando amor.

Comprendo que sería bueno salir de ese bucle desadaptativo de victimización que me ahoga y me limita. Repensar todo y, en este caso en particular, estaría bien profundizar sobre la idea de «mujer». Por supuesto, una mujer no es necesariamente una madre. Y, por tanto, uno no es necesariamente un hijo. Parece obvio, pero para el inconsciente lo obvio no siempre lo es tanto. Y lo mismo ocurre con la idea de Dios: Dios no es un padre tal y como se concibe la idea de padre, y, en consecuencia, yo tampoco soy necesariamente un hijo. Podemos seguir para afirmar que ocurre lo mismo con la idea de amor y con tantas otras. Porque para tener una vida plena parece necesario realizar la no dependencia, la libertad y el amor, ¿no? Quizá no.

El camino nunca es lineal.

… my friend

También desde pequeño estuve enfermo —nada realmente grave ni serio—, o quizá encontré en la enfermedad la manera de que alguien me hiciera caso, ya que de mayor siempre he gozado de una magnífica salud. Es probable que interpretara, de forma inconsciente, el papel de niño pequeño, enfermo y desvalido, y los demás lo compraron. Pero aquello probablemente no fue una buena idea. Recuerdo que, desde aquellos tiempos, de acuerdo con el papel de niño pequeño, enfermo y desvalido, me he sentido, además de todo lo anterior, desmoralizado, sin ilusión, ansioso, solo, sin nadie que me quisiera, insignificante, ignorado, relativizado, empequeñecido.

Con el tiempo, empecé a conocer chicas y volví a interpretar, de forma más o menos inconsciente, el papel de niño pequeño enfermo y desvalido. Como es lógico, aquello acabó en separación. Entonces busqué ayuda en otras, digamos, «mamás». Hasta que comencé la terapia y me sentí bien bajo la protección de mamá-terapia. Después, encontré la protección en mamá-Dios. Pero hoy, por algún extraño motivo y por primera vez en mi vida, he acabado harto de buscar una madre. Me he dado cuenta de que no necesito que nadie me proteja. De hecho, ahora no quiero estar protegido, rechazo cualquier oferta de protección porque, entre otras cosas, la supuesta protección casi siempre lleva asociado un peaje, un compromiso, un trueque, una obligación u otro tipo de atadura o factura, generando un vínculo muchas veces tóxico, que no es gratuito ni desinteresado. La protección, en la mayoría de los casos, se convierte en la causa de la perpetuación del problema.

La búsqueda irracional de protección y defensa se convierte en el propio trastorno. Así que hoy prefiero exponerme, quiero sentir que me muestro al desnudo, sin escudo ni protección. Tengo que recuperar la autonomía. Vivir sin miedo. Mi objetivo en este momento es alcanzar la libertad total. No deseo caminar apoyado en nadie. Odio el bastón, el escudo, la armadura, el techo, los muros, la calidez, la seguridad y la comodidad que proporciona el supuesto hogar, la supuesta familia, la supuesta pareja e incluso la supuesta terapia, con la pérdida de libertades que todo ello supone. Quiero identificarme como un hombre libre, autónomo, no como el hijo de nadie. Verme libre, sentirme libre ante mis únicos ojos.

En consecuencia, me acepto como soy, acepto mi dolor, que es mío; acepto mi derrota, que es solo mía; asumo todo aquello que disgusta a los demás, porque no quiero su aceptación en forma de regalo envenenado; acepto mis caídas, porque son mías, como lo son mis lágrimas, que acepto porque me hacen sentirme humano y también son solo mías. Acepto, en fin, sentirme mal, porque comprendo que es natural que eso suceda. No acepto patologizar el hecho de sentirme mal ni la afirmación de que tenga algún tipo de problema. El problema, en caso de haber alguno, está en la propia sociedad y, sobre todo, en la falta de comprensión y de amor que tienen su origen en el ego. No me identifico con la calificación de enfermo ni siento que tenga un trastorno ni nada incapacitante ni desadaptativo. Por añadidura, soy mucho más que mi cuerpo, aunque no sepa con certeza lo que eso significa.

Abandono la liminalidad, ese no estar en un sitio ni en otro a la espera de lo deseado y esperado que nunca llega. Yo ya he llegado. Estoy perfectamente sano, y desde la salud acepto que nadie me ame ni me comprenda, porque la realidad es que nadie sabe lo que significa amar ni nadie quiere molestarse en comprender. O, al menos, nadie que viva desde el ego.

Acepto liberarme incluso del amor ajeno. Dejar de buscarlo. Porque no necesito amor externo. Lo que necesitas te esclaviza. Soy libre. Cuestiono las definiciones del bien y del mal, aunque no llegue a entender lo que eso realmente significa. No persigo tampoco la libertad, porque entonces me encadenaría también a ella. Solo soy. Soy como soy, y lo que soy y cambio, quiera o no. Soy transformación. No respondo ante nadie, ni tan siquiera ante mí ni ante mi idea de Dios. Soy un ser autónomo. Y, por encima de todo ello, soy conciencia.

Soy libre y siendo libre fluyo, construyo, transformo y destruyo. Como el agua. Sé agua, amigo. Solamente la conciencia es libre. El ego nunca podrá ser libre.

Decimos que la autoestima puede definirse como hacer lo que es bueno para ti a largo plazo. En ese sentido, he aprendido que lo que es bueno para cualquiera a largo plazo es romper todas las cadenas que lo atan. La cuestión es saber quién es ese «ti» con el que uno se identifica en esa frase. La cadena que nos ata es la del ego.

Las reflexiones anteriores están recogidas como fueron sentidas en un momento dado, en un estado de conciencia específico. En esos instantes, el ego estaba luchando por ser libre, por romper las cadenas más robustas que lo ataban. Hoy, desde este estado de conciencia, no veo esas cadenas ni tengo esas necesidades, si bien sigo mirando otras cadenas y atendiendo otras necesidades. Parece ser una historia interminable, y lo afirmo como un hecho, sin ansiedad. En el transcurso del camino, he conocido a verdaderos seres de luz que me han prestado su ayuda, porque eso es lo que son, ayuda, sin pedir nunca nada a cambio ni esperar nada a cambio.

Respirar. Pedir ayuda. No estamos solos. El camino es el que es.

Realizaciones

Recuperamos, a continuación, una forma de expresarnos menos egoica.

Conviene afrontar los problemas desde cada nivel de conciencia en el que se presentan para que se disuelvan. La sensación de carencia se origina en el estado de conciencia del yo, y ahí es desde donde hay que afrontarlos. Desde el estado de conciencia del no-yo no existe la sensación de carencia. También es posible que un mismo problema haya que afrontarlo dentro del mismo estado de conciencia desde diferentes puntos de vista hasta que desaparezca. El camino nunca es lineal.

Solo busca aquel al que le falta algo. La búsqueda es la huella que produce la carencia. Cuando dejamos de buscar, sentimos la paz que «es», porque la paz existe y es tal como es. En la búsqueda, no estamos en paz. Al abandonarla, nos topamos con esa paz que ya era, pero se nos hacía invisible.

La separación de la unidad lleva a la carencia, la carencia lleva al deseo y el deseo a la búsqueda, que es la búsqueda de la totalidad. La búsqueda se origina en el deseo, este en la carencia y esta en la separación de la unidad.

El amor es la conciencia de la totalidad. Hablaremos sobre el amor más adelante, aunque, en realidad, siempre estamos hablando del amor, porque todo está relacionado con el amor o con su falta.

La mente siempre espera ser recompensada. Y solamente aquel a quien le falta algo tiene la necesidad de ser recompensado.

La cuestión acaba cuando decimos: «Ya no tengo nada más que ofrecerte». Esto vale en cualquier relación y, sobre todo, para la relación con el propio ego.

Mientras exista el yo, va a existir la necesidad, porque el yo se origina en la carencia, que es un estado permanente del yo, mientras que el no-yo siempre está en un estado de plenitud. ¿Qué podemos hacer con los deseos del yo? Darnos cuenta de eso, de que son exclusivamente sus deseos, es decir, de algo que solo existe en la mente egoica.

Ahora relataremos otra historia en primera persona.

La desesperación por ser amado

De alguna manera, el hecho de comprender que no estás enamorada de mí me ha liberado de ti. Imagino que lo que me desgastaba era el intento incesante de conseguir que me amaras. Es posible que fuera la vivencia actual del trauma infantil que sufrí intentando que mi madre me amara, volver a sentir el trauma del abandono. Esa desesperación y ese vacío tan profundo intentando ser mejor o más guapo para que mi madre me amara. Pero mi madre no podía amarme, a pesar de mis denodados esfuerzos, a pesar de dejarme la vida y la felicidad en ello. No podía hacerlo porque simplemente no se amaba a sí misma. Y no se puede dar lo que no se tiene. Siento una profunda compasión por ella, por mí y por todos aquellos que pasamos por ese desierto de amor.

A ti te ocurre lo mismo. Y ahora que soy consciente de ello, dejo de sentir culpa, vergüenza y abandono y empiezo a sentir compasión y amor hacia vosotras y hacia mí mismo.

Respirar. Pedir ayuda. No estamos solos.

Meditaciones

Duele el pensamiento de no haber sido suficiente, de no ser suficiente, de no valer. Es un pensamiento que genera la tristeza más profunda.

Dar es más natural que recibir.

Cuando la prioridad de la mente del yo es el dinero, las relaciones personales y sociales quedan subordinadas a la acumulación de este, a las posesiones, etc. Para explotarnos, necesitan que desconectemos del amor que somos, y para lograrlo intentarán que nos sintamos tan vacíos de amor como ellos se sienten. No conocen otra cosa. Nosotros sí. Hablamos del yo y del no-yo, no de nadie en concreto.

Mientras tengamos necesidades, nunca seremos uno con el Uno. Mientras permanezcamos en el yo, siempre habrá algo que nos drene, que nos deje completamente secos. No podemos hacer nada para evitarlo. Esa es la verdad del yo.

Con la enfermedad, el yo se agudiza aún más. La enfermedad es la percepción del yo de carencia de salud.

Respirar. Pedir ayuda. No estamos solos.

3. Ego y soledad

Lo llamamos amistad,
pero sigue siendo miedo a la soledad.

A hondar en las profundidades de la soledad es un proceso de emociones contradictorias. Incluso cuando uno está en estados de conciencia algo más profundos, se siente bienestar y malestar a partes iguales, así como satisfacción y miedo.

Comenzamos con una nueva historia en primera persona desde la conciencia del yo. Recordemos que parece improbable experimentar estados de conciencia del no-yo sin haber comprendido primero y en toda su profundidad los estados de conciencia del yo. El camino, sin ser lineal, transcurre en esta etapa por el yo. ¿Caminamos juntos?

Solo y desolado

A pesar de un aparente estado de tranquilidad y de que los demás no noten nada, en el fondo de este triste corazón me siento solo y esa soledad me duele mucho. Estoy solo y desolado. El deseo de no sentirme tan solo me lleva a utilizar, aunque me sienta fatal por ello, a otro ser humano con el fin de que me llene.

No soy consciente de que ese vacío que siento en mi interior, un vacío que es incuestionablemente real y dolorosísimo, no es otra cosa que falta de amor propio, fruto de la naturaleza del yo, de la ausencia de conciencia de ser esencia.

Movido por la necesidad de llenar ese hueco, como el hambriento y el sediento al que le mueven sus imperiosas necesidades de comer y de beber, me pongo en marcha. Empiezo el *casting* de aspirantes, concierto citas, quedo, salgo, me abro, rezo, le pido a Dios y a todos los santos que me ayuden y no paro quieto hasta que, finalmente, «Dios» se apiada de mí. La buena fortuna vuelve a sonreírme y encuentro a ese alguien ilusionantemente compatible conmigo.

En realidad, me engaño sin darme cuenta, me miento con sutileza, me dopo con mentiras, y durante el tiempo que duran los efectos de las drogas-hormonas siento que la relación funciona a la perfección. Creo notar cómo los astros se han alineado, cómo por fin el universo se ha puesto de mi parte y la fortuna vuelve a sonreírme. «Me lo merezco», me digo, y hoy, por fin, después de tantos meses de desesperanza, dejo de sentirme solo, dejo de sentir dolor y me encuentro feliz y lleno de gozo. Toco el cielo con mis manos. ¡He alcanzado el nirvana del amor verdadero!

Nada de esto es real. Son los efectos de las drogas, en forma de hormonas, que el cerebro está fabricando. Las hormonas generadas por la carencia y por la evolución darwiniana. De hecho, todo es tan falso que, al cabo de un tiempo, cada vez más corto, vuelvo a sentir ese dolor que ya forma parte de mí —del yo— como lo forman las manos o la cabeza y que está originado en la falta de amor propio. Estoy confundido.

Siento el pinchazo de siempre en el sitio de siempre, a la hora de siempre, pero con renovada intensidad, es decir, peor. «¿Cómo puede ser? —me pregunto—. ¡Ha desaparecido la magia!», me digo. Me entristezco, me enfado y dirijo de forma instintiva mi mirada hacia mi pareja, mi musa. La miro con descrédito, con sorpresa e incluso con un cierto desdén y culpabilizo a ese ser humano de todos mis males. Vuelco toda la responsabilidad y la culpa en aquel que yo estaba utilizando de forma egoísta para que me diera el amor que no soy capaz de darme a mí mismo. Sigo confundido. E, irremediablemente, de forma automática, la certeza de que ella no es la pareja adecuada, mi media naranja, el amor de mi vida, comienza a apoderarse de mí. Me surge aún alguna duda, pero a estas alturas ya sé que se trata de simples preguntas retóricas, porque ahora ya se me ha revelado «la verdad», ya conozco la respuesta: «No, esta tampoco es ella».

Llegados a este extremo de lo que llamo «lucidez», doy esta locura de aventura por finalizada y concluyo de la misma manera que las veces anteriores: ella nunca ha sido eso que nos empeñamos en definir como «mi media naranja». Ha sido una pérdida de tiempo, no ha merecido la pena, debería haberme dado cuenta antes... Así que el amor de mi vida sigue esperándome ahí fuera. Sigo confundido.

Entonces, impulsado por este nuevo fracaso, y convencido de que he aprendido la lección, y de que «ahora sí que sí sé lo que no quiero en mi vida», reinicio la búsqueda del santo grial. Me dispongo a buscarla por todas partes, cueste lo que cueste, inconsciente del desgaste que, lamentablemente, esta nueva locura va a suponer para mi baja o nula autoestima y para mi cada vez menor energía vital.

Vuelta a empezar, pues, en un bucle infinito de vaciado interior, desánimo, desesperanza, desilusión, pereza, desgana, inapetencia, sentimientos de mala suerte, de culpabilidad, de haber sido maldito por algo que hice en otro momento de mi vida, de mal karma, de falta de valía, de inseguridad, de incomprensión..., de profunda tristeza y de un dolor infernal. Confundido. Es el día de la marmota. El infierno de cada día. El infierno en vida.

Pero existe, o eso quiero creer, una manera de salir de este laberinto, de esta eterna pesadilla. Es algo que he podido observar entre tanta confusión. No parece que tenga demasiado sentido, pero a mí me ha, digamos, funcionado. Es curioso que se trate de algo relativamente sencillo, aunque en un principio pueda resultar increíble. Resulta paradójico que para salir del bucle haya que hacer justo lo contrario de lo que uno lleva haciendo toda su vida. Pero ¡cuidado!, porque aquí el ego va a volver a intentar tomar el control. Y cuanta más confusión, más cristalizado y más fuerte está el ego.

Lo primero que se requiere para salir de ese bucle de confusión descrito, para escapar de la repetición de patrones de autodestrucción y confusión, es algo casi por completo pasivo: parar y permanecer quieto. Sentarte contigo mismo, respirar, hablarte, sentirte y darte cuenta de que la locura del ego se había vuelto a adueñar de ti. Al cabo de un tiempo, la mente comienza a darse cuenta de que estaba completamente bajo el poder de un hechizo, que la carencia estaba dirigiendo la mente, de que el ego se estaba volviendo aún más loco de lo habitual, de que la ansiedad, el miedo, la tristeza y el abandono estaban al mando.

Siempre es de ayuda ser consciente de que no vamos a encontrar ahí fuera lo que no existe. El unicornio que perseguimos no existe más que en una mente egoica trastornada por la carencia. Estar corriendo de acá para allá como un pollo sin cabeza detrás de una irrealidad creada por el ego que busca encontrar en otra persona el consuelo, el abrazo y el amor que no recibió de pequeño, es agotador e inútil.

Lo siguiente que ayuda es detenerse a observar en la mente ese pensamiento irreal según el cual «para ser feliz necesitas encontrar a tu media naranja». Intentar dejar de inocularse ese virus, que es peor que droga dura: es veneno. Y ayuda, sobre todo, entender, creer, ser consciente, ver, darse cuenta de que dentro de cada uno todos tenemos todo lo que necesitamos. También contribuye de modo positivo reconocer nuestra independencia emocional, nuestra autosuficiencia, la madurez como seres humanos adultos que somos y nuestra valía. Y con ese convencimiento y esa lucidez podemos comenzar a movernos, ahora sí, con el único ánimo de vivir la vida según viene, con los cinco sentidos abiertos para no perdernos ningún detalle. Es de ayuda también permanecer despiertos, conscientes, atentos, centrados y concentrados en el aquí y en el ahora, sentirnos agradecidos por estar vivos y despiertos, disfrutando a cada instante del milagro de la vida, con un sentimiento de alegría al sabernos bendecidos con el don de la vida. Vivos, agradecidos, completos, en paz y felices. O llenos de defectos, como quiera que seamos. Y siempre: respirar, pedir ayuda. No estamos solos.

Pero deberíamos permanecer vigilantes, porque más pronto que tarde vamos a volver a sentir el aguijonazo de la soledad y de la desolación. La carencia del ego. Y lo vamos a volver a sentir porque la droga-hormona tarda en eliminarse por completo del cuerpo y, aun cuando no quede ni rastro de ella, el recuerdo permanece. Vamos a volver a sentir el síndrome de abstinencia, los temblores, la debilidad y la flaqueza. En ese momento, estaría bien volver a hacer lo mismo que acabamos de aprender. El camino, ya lo estamos viendo, no es nunca lineal, y muchas veces pasamos por el mismo tramo que habíamos dejado atrás.

También es bueno sentarse, abrazarse y llorar con uno mismo. Enfocar las pocas fuerzas que nos quedan en observar ese pensamiento, en contemplar nuestra vulnerabilidad, la fragilidad. Y concentrarnos en entrar en un estado de verdad pura, de observación de la locura del ego y de aceptación de la realidad. Meditar, insistimos, sobre la falsedad y el daño que genera el pensamiento de que «para ser feliz necesito encontrar a mi media naranja». Respirar. Pedir ayuda. No estamos solos.

Observar su mentira y darnos cuenta de la degradación a la que la locura nos arrastra cada vez que el ego toma el control. Recordar el envenenamiento, la adicción y la autoaniquilación de nuestro propio ser. Volver a concentrarnos con todos nuestros sentidos en el aquí y el ahora. Agradecidos, una vez más, por seguir vivos. Centrados solo en este instante que estamos viviendo. Sanos y salvos, vivos en la verdad, libres de la locura del ego. Completos y en paz. Respirar. Pedir ayuda. No estamos solos.

La soledad es tanto un estado mental como un estado físico. No es lo mismo estar solo que sentirse solo. Y hay ciertas sensaciones que pueden ser confundidas con estados de soledad.

Uno confunde el cansancio físico con la sensación de tristeza e infelicidad.

Uno confunde el aburrimiento con la sensación de soledad.

El cansancio y la soledad le llevan a uno a hacer atribuciones erróneas y a cometer errores. Cristalizan y fortalecen el ego.

Búsqueda incesante de atención

Hasta ahora, el camino ha sido, y quizá aún lo siga siendo, una búsqueda incesante de que a uno le prestaran atención, de no estar solo. Uno siempre ha querido que le hicieran caso, que se fijaran en uno, que lo vieran, que lo acompañaran. Uno cree que el hecho de que en algún momento le hicieran caso le haría sentir vivo y lo contrario le haría sentir sin vida. Uno dirige la atención a ver si los demás le están prestando atención, busca instintivamente esa conexión porque en la conexión con el otro la mente del yo se siente segura.

La mente se refugia en lo incomprensible

Uno está obsesionado con la idea de lo incomprensible. Se da cuenta de que la mente del yo usa la idea de lo incomprensible como un escondrijo, como el refugio supremo y eterno donde ocultarse de la soledad. La mente busca lo incomprensible por todas partes. Intelectualiza, inventa, recuerda, explora, analiza, siempre buscando indicios o señales de lo incomprensible. Para la mente del yo, lo más importante es llegar hasta lo incomprensible. Y al ser lo más importante, supedita todo a eso. La mente del yo cree que la práctica de la bondad y de la humildad lo acercará a lo incomprensible. También cree que cuanto más lea y sepa sobre ello, más posibilidades tendrá de estar cerca de él. La actividad de la mente del yo es básicamente la búsqueda de la seguridad suprema con el fin de perpetuarse e instalarse eternamente en la felicidad en forma de «yo divino». Arrogancia espiritual.

Arrogancia, sí, porque donde de verdad se hace presente lo incomprensible —y aquí adelantamos algo sobre lo que se volverá más adelante más de una vez— es a través del amor y de la compasión. Mientras en la mente haya cualquier cosa que no sea amor y compasión, no será posible ser receptivo a lo incomprensible. La mente no cree realmente que tenga ningún papel especial ni específico en el plan de lo incomprensible, pero sueña con tenerlo. La mente del yo no permite experimentar la mente del no-yo.

La verdadera revelación es que lo incomprensible existe. Se volverá sobre ello, no tanto por insistir o reiterar como porque nuestros relatos van formando una espiral de manera casi inevitable.

En todo caso, a la mente petulante del yo no le interesan la eternidad, la perpetuidad, la felicidad ni lo incomprensible si no está ella allí presente con todo lo suyo. La mente presuntuosa del yo cree haber encontrado la salida a tanta desesperación, a tanto dolor, a tanto sufrimiento en ese refugio al que llama lo incomprensible. La mente del yo implora desconsolada que venga lo incomprensible y la rescate de este infierno y que la lleve al paraíso.

Uno reza por miedo a que, si no reza, le suceda algo malo. Reza asustado, aunque diga que lo hace para agradecer. Uno reza a «la idea que tiene de lo incomprensible», a «la idea que tiene de Jesús». Darse cuenta de que esta idea de lo incomprensible, de la religión, de Jesús, es un invento de la mente del yo, un truco para sentirse seguro, asusta. A uno le da miedo darse cuenta de que la mente del yo se ha refugiado en esa idea compartida por muchos otros de lo incomprensible como lugar donde huir de la vida. Uno se da cuenta de que la mente del yo llena su vacío con la idea de lo incomprensible, pero también repara en que, a pesar de la idea de lo incomprensible, pese a rezar y creer, el vacío sigue igual de vacío.

Uno se da cuenta de que reparar en la idea de lo incomprensible es pura fantasía, le da miedo y le hace sentirse culpable y se odia y se castiga por ello. Otro motivo más para odiarse, para sentirse culpable y castigarse. Se busca lo incomprensible huyendo del miedo, del odio, de la culpa, del castigo y del vacío. Nos proyectamos en un futuro ante lo incomprensible eterno despojado del vacío interior. Apostamos la eternidad a un futuro imaginado por la mente vanidosa, confiamos en ser rescatados por lo incomprensible de este mundo cruel y pedimos a lo incomprensible que nos rescate de este infierno que, ¡ay, paradojas de la vida!, es un infierno creado por la mente egoica. Esperamos que lo incomprensible nos salve de este infierno imaginario y, mientras tanto, no se hace nada por salir, excepto repetir una serie de frases y de gestos que hemos aprendido de otros que están igual que nosotros. En fin, le pedimos a lo incomprensible que nos rescate de nosotros mismos.

Son tantos los años pensando en un salvador y depositando las esperanzas en la misericordia de lo incomprensible, que abandonamos toda esperanza de ser libres por nosotros mismos. Se ha perdido toda creencia de autoeficacia, se ha destruido toda autoestima, nos volvemos dependientes, sumisos y cobardes, sin hacer nada que lleve a la liberación de las cadenas de la mente del yo por miedo a ser castigados. Se promueve en los demás la fe en lo incomprensible con la idea de ser premiado uno mismo con el paraíso eterno.

Uno ha dejado de experimentar el camino, el instante, confiando en que lo incomprensible va a protegerle si uno cree en ello, asustado de no hacer nada que lo enfade y pueda castigarlo. La relación con lo incomprensible, como no podía ser de otra manera, es la misma que uno ha tenido con aquel al que la mente identifica como padre, el «padre mental». A ambos los ha llamado «padre» y de ambos ha sentido fundamentalmente miedo, rechazo, castigo y vacío.

Lo incomprensible existe o no, pero lo que no existe fuera de la mente arrogante del yo es la idea de lo incomprensible. La idea de lo incomprensible que uno tiene todo el día en la cabeza, la de un futuro mejor, de una perpetuidad del yo libre de sufrimiento. Y esa idea constante nos impide ver la verdad del camino, disfrutar del momento presente, conectar con lo que es. Pensar en la idea de lo incomprensible distrae a uno del camino, transporta a un mundo irreal que solo existe en la mente soberbia del yo.

Uno se da cuenta de que la mente vanidosa del yo no se permite un mundo sin su idea de lo incomprensible.

Uno se da cuenta de que la mente soberbia del yo tiene la idea de lo incomprensible que le oprime, le asusta, le condena, le ata, le entristece.

Uno se da cuenta de que la mente acobardada del yo no se permite negar su idea de lo incomprensible.

Uno se da cuenta de que lo incomprensible como uno lo entiende es tan solo una creación de la mente atemorizada del yo, que tiene pánico y busca refugio.

Uno se da cuenta de la falta de libertad de la mente amedrentada del yo.

Uno se da cuenta de la falta de amor propio y de cómo esta carencia se intenta llenar con el supuesto amor de lo incomprensible imaginado por la mente agitada del yo.

Uno se da cuenta de lo inquietante y preocupante que resulta comprender que lo incomprensible es un invento de la mente miedosa del yo para huir del aquí y el ahora, y encontrar refugio en el allí y el después.

Uno se da cuenta de que la idea de estar equivocado con respecto a lo incomprensible le resulta insoportable.

Uno se da cuenta de que la mente fantasiosa del yo se identifica con la idea de lo incomprensible como salvador, omnipresente, eterno, misericordioso, castigador, que solo salvará a los que son buenos fieles, adoradores de imágenes, repetidores de frases y de ritos.

Uno se da cuenta de que le aterra la idea de ser considerado un hereje y de que lo incomprensible le castigue.

Uno se da cuenta de que la mente del yo no es libre mientras piense de esta manera.

Uno busca ese refugio al que llama lo incomprensible en todas partes. Ve el sol brillar con fuerza entre las nubes y enseguida busca ahí lo incomprensible, esperando que se presente y le salve de este infierno. Ve una puesta de sol increíble, un paisaje indescriptible desde el asiento de un avión, la belleza, las maravillas de la naturaleza, un pensamiento increíble, una creación sublime, e inmediatamente busca ahí lo incomprensible o lo identifica con lo incomprensible y lo llama la obra de lo incomprensible. Como si lo incomprensible fuera únicamente belleza indescriptible.

Tanto busca uno lo incomprensible para que le rescate que no tiene tiempo, ganas, ni fuerzas para caminar. En este momento, cualquier cosa que la mente del yo no identifique como lo incomprensible o la obra de lo incomprensible, no le interesa. Es decir: no le interesa casi nada. La vida ha perdido casi todo su interés, ya que las cosas en las que encuentra su idea de lo incomprensible son mínimas. Y si en algún momento uno tiene alguna experiencia que la mente presuntuosa del yo califica de mística, se aferra a ella como si fuera la salvación eterna. Se apega a ella.

Nos damos cuenta de que, en este momento, la idea de lo incomprensible solo genera apego y sufrimiento. Nos damos cuenta de que sin esa idea de lo incomprensible viviríamos más tranquilos y nos sentiríamos más libres, menos encerrados. Nos damos cuenta de que la idea de lo incomprensible es limitante, incapacitante y una fuente de sufrimiento. Nos damos cuenta de que buscar a lo que llamamos «lo incomprensible» nos hace infelices y agranda la sensación de vacío.

Respirar. Pedir ayuda. No estamos solos.

La soledad de aquel al que la mente identifica como padre

La compulsión por trabajar de aquel al que la mente del yo identifica como padre, el «padre mental», hace que me sienta como un vago toda la vida, cuando realmente la compulsión del padre mental se originaba principalmente en la necesidad de mitigar los sentimientos de soledad, de angustia, de falta de valía y de satisfacer la búsqueda de reconocimiento y de admiración de su mente egoica. Siento compasión.

Respirar. Pedir ayuda. No estamos solos.

La soledad y tú

Siento vértigo ante el sentimiento de soledad, y por eso cuesta soltarse de ti, aunque la verdad es que no estoy solo, que la idea de formar algo contigo es tan solo una idea, no es real. Y, además, este es un camino, el de la soledad, que ya he recorrido muchas veces y sé que es un buen camino o, al menos, que forma parte del camino. Confío en que podamos ser verdaderos y buenos amigos, que el rencor y los reproches, fruto del dolor de la separación, se transformen en cariño y afecto.

Tu existencia me recuerda sistemáticamente al vacío y el abandono. Tus acciones abren el gran vacío interior.

Eres como un portal interdimensional hacia el vacío.

La conexión con el vacío a través de ti es mental, se activa con el pensamiento, es la mente del yo la que abre esa ventana al abismo.

Eres uno de los últimos clavos a los que sigo mentalmente agarrado antes de lanzarme al vacío. No es el único, pero sí uno de los últimos.

Pero cada vez tengo menos miedo y más curiosidad por penetrar en la soledad más profunda.

Me siento atraído por la soledad, noto su presencia, escucho su llamada. Me siento más como soledad que como «solo». La soledad es atractiva, pacífica, liberadora, pura, simple, humilde, honesta, sencilla, silenciosa.

Mis actos agudizan esta soledad, la potencian, le dan vida, cercanía. Puedo llegar a sentir su abrazo, el abrazo de la soledad. Quizá esto sea un escalón más hacia el desapego total, un tramo más del camino. En este momento, lo vivo con entusiasmo y con gratitud y resulta profundamente liberador, aunque es inquietante.

Hay relaciones que son como bengalas de cumpleaños. Cuando se acaban las chispas, solo queda un palo quemado. Ese palo quemado es la soledad del yo.

Soledad y espiritualidad

Espiritualidad es la vivencia plenamente feliz de la soledad.

Espiritualidad es la comprensión de la soledad.

El ser humano espiritual nunca está solo.

El ser humano espiritual siempre camina acompañado.

Uno dice haber alcanzado espiritualidad a base de dejar de huir de la soledad; profundizando en su verdadero significado, recorriendo esa parte del camino.

Espiritualidad significa estar en paz con la soledad.

Uno nunca está solo, el presente siempre nos acompaña.

La soledad es una idea del yo. Son los otros los que nos han inculcado la idea de la soledad como algo negativo.

Uno se siente cómodo envuelto en soledad.

La soledad nos envuelve con amor.

Lo que nos hace únicos y especiales es nuestra manera única y especial de lidiar con la soledad. El sentimiento de soledad será experimentado con angustia y tristeza —cuando sea sentido por el yo— o como gozo y plenitud —cuando lo sea por el no-yo—.

La experiencia del ego es de una profunda soledad. El sentimiento negativo de soledad surge de la desconexión con lo que es, de la separación del Todo. El ego produce un vacío emocional que se vuelve insoportable, impide que uno se sienta uno con el Todo.

El ego nos aísla.

La mente del yo busca llenar su vida con cosas, experiencias, pensamientos e ideas para evitar el sentimiento de soledad.

En el cuento inicial, «La escafandra de la astronauta», la protagonista, Al, prefirió exponerse a la verdad —aunque eso supusiera soledad— antes que someterse a la mentira de una compañía que, en verdad, no era tal.

Respirar. Pedir ayuda. No estamos solos.

4. Ego y libertad

Libertad es caminar sin miedo.

Uno comprende y acepta que seas tú mismo.

Permitidme la libertad de ser

Permitidme que no me vea con vuestros ojos.
Permitidme que no me identifique con
vuestras ideas sobre mí.
Permitidme que no me sienta juzgado por
vosotros.
Permitidme que no me sienta validado ni
invalidado por vuestra mente.
Permitidme la libertad de ser quien crea que
soy, aunque esté equivocado.

El amante busca el bien de la persona amada, lo
cual requiere la liberación de esta respecto de aquel.

En primer lugar, una reflexión sobre lo incomprensible y el libre albedrío, algo con lo que muchas mentes egoicas podrán no estar de acuerdo. Las mentes no egoicas serán capaces de extraer la poca verdad, si es que hay algún rastro de verdad, que estas palabras puedan contener, y sentirán compasión por el que las suscribe. Lo sé y me siento con la libertad para comunicarme más allá de las palabras con dichas mentes, confiando en su bondad y en su compasión, y aprovecho para expresar mi gratitud por existir, ser y estar.

Libre albedrío. O no

Lo incomprensible se ama tanto a sí mismo que se otorga a sí mismo el libre albedrío o no. En ese libre albedrío hay partes o manifestaciones suyas que no son perfectas según nuestros estándares actuales, según nuestro nivel de conciencia actual, pero que, en realidad, sí que lo son, aunque no lo entendamos. Las permite —o no— y se ofrece a sí mismo todas las oportunidades de ser así, de cambiar, de transformarse. O no.

Lo incomprensible no nos envió a la Tierra. Fuimos nosotros mismos que, en ese sentido, y aunque no lo comprendamos, somos «lo incomprensible» y quienes en nuestro libre albedrío decidimos manifestarnos en esta dimensión espaciotemporal, en el que somos otra forma de ser nosotros para ser exactamente la conciencia que somos ahora y no algo diferente. O no. Somos también, de alguna manera, aunque no lo comprendamos, lo incomprensible, conciencia del no-yo. O no.

Lo incomprensible, porque se ama, se hace libre y se da a sí mismo la libertad de decidir, siendo ello mismo libertad. Pero para poder decidir tienen que existir infinitas opciones diferentes, por eso lo incomprensible crea todas las alternativas posibles, incluidas todas las formas de ser o no ser y de existir o no existir y libremente se manifiesta en todas ellas, es todas ellas, y lo es porque se ama. O no. Y nunca se juzga, solo es o no es, pero sin juzgarse ni juzgar. O no. Y en un momento dado, o siempre, elige ser conciencia de persona o de árbol o de salvador, y lo es todo a la vez, porque es libre para ser o no ser un tipo de conciencia u otro, con la forma o formas que libremente ha creado, que son todas las que pueden ser y no ser. No se ha dejado sin crear ninguna conciencia ni ninguna forma. O no. Por eso existe nuestra idea del mal, porque lo incomprensible, en su amor hacia sí mismo, crea todo lo que puede ser, incluso lo que desde esta conciencia de existencia que somos ahora mismo llamamos «el mal», pero que también somos nosotros. Y cualquier pensamiento que tengamos, cualquier idea que se nos ocurra, buena o mala según nuestro nivel de conciencia, está siendo así ahora en algún sitio. O no.

Cuando muramos, cuando la mente muera, se generarán infinitos escenarios, o no. Diferentes universos, y en uno de ellos sencillamente dejaremos de existir, en otro mantendremos lo que entendemos que es esta conciencia y nos desharemos de la forma física; en otro, nos reencarnaremos en algo o en alguien diferente con la misma conciencia o con otra conciencia diferente; en otro, seremos una galaxia, con agujeros negros incluidos. O no. Todo lo que podamos llegar a pensar que pueda ocurrir ocurrirá, o no, porque en ese sentido somos lo incomprensible y nos amamos y nos permitimos ser lo que queramos ser e incluso no ser. Y en algún universo ocurrirá lo descrito en las Escrituras, pero en otro universo ocurrirán las cosas tal y como dice el budismo; en otro, lo que predica el judaísmo; en otro, ni lo uno ni lo otro, y en otro, algo que ahora mismo no somos capaces ni de imaginar. O no. Y el tiempo existirá como lo conocemos y dejará de existir o irá hacia atrás. O no. Todo lo que es posible es y será, o no, porque en ese sentido somos lo incomprensible, somos amor, somos libertad, y si decidimos no ser, no seremos, pero mientras elijamos ser, seremos y lo haremos de la forma que elijamos ser. O no. Somos, o no, de todas las formas que pueden ser y podemos cambiar y transformarnos, o no, sin atenernos a ninguna regla ni código ni ley, conocida o desconocida. Y un buen día podemos decidir, o no, ser de una única manera como en el instante anterior al *big bang* y al día siguiente podemos decidir, o no, estallar en infinitos pedazos y convertirnos en todo lo que puede ser, porque somos libres y nos queremos libres y nos aceptamos libres, incluso libres para transformarnos, o no, en lo que queramos las veces que queramos, para ir hacia delante, hacia atrás, hacia la derecha o la izquierda, hacia arriba o hacia abajo o para quedarnos parados y no ser o ser parados. O no.

En ese sentido, somos «lo incomprensible», somos amor, somos libres, somos, o no, todo lo que es, lo que ha sido, lo que será y lo que nunca ha sido, es ni será y así será mientras queramos que así sea. O no. Somos el creador y las criaturas. O no. Somos Todo. O no. En ese sentido, no puede existir lo incomprensible, por un lado, y nosotros, por otro. O sí. En ese sentido, todo es «lo incomprensible» en las diferentes manifestaciones que elegimos ser. O no. Y somos así porque podemos ser así, porque nos permitimos ser así y porque elegimos ser así, o no. Porque somos amor y somos libres. O no. Porque, en ese sentido, somos «lo incomprensible». O no. Somos y no somos y ni lo uno ni lo otro. O no.

A continuación, aportaremos una serie de reflexiones que podrían ayudar a nuestra mente del yo a ser libre. O no.

Guía para detener la hemorragia

Desde este nivel de conciencia, la única intelectualización que a uno le parece suficientemente válida y necesaria es la comprensión de que la vida en libertad es un proceso en constante cambio, un cuadro sin terminar donde el pintor —que somos cada uno de nosotros—, la pintura que empleamos, los pinceles que utilizamos para pintar y el propio lienzo cambian a cada instante. Nada parece ser permanente, nada parece ser para siempre, no parecen existir la certidumbre ni la seguridad. Por tanto, desde este nivel de conciencia, comprendemos que no podemos aferrarnos a nada ni a nadie porque, en apariencia, nada es ahora como fue antes ni nada será nunca como ahora pensamos que será.

En ese sentido, uno se pregunta por qué no probamos esta vez a soltar y a emanar, a ser fluidos. Y mientras estamos inmersos, o eso pensamos, en ese proceso de permanente cambio que es vivir libres, podemos intentar lo siguiente cuando las cosas parece que se complican. Esta es una guía, si se quiere, que podrá ayudarnos en ciertos momentos de crisis profunda. Es un tratamiento de primeros auxilios, un torniquete hasta que nos lleven al hospital, donde seremos tratados con todos los medios disponibles. En el centro médico seremos tratados con puro amor y profesionalidad, pero a veces uno necesita intervenir de forma inmediata para detener la hemorragia. De eso trata esta guía. El mapa no es el territorio ni la guía es el camino, pero ambos pueden ayudar si son comprendidos correctamente.

Observación

Se trata de la importancia de ver la verdad, de intentar reconocer la verdad de los hechos sin pretender intelectualizarlos ni entenderlos, sin entrar en debates internos. Solo mirar y ver, sin juzgar, sin condicionamientos. Comprendiendo que estamos en el nivel de conciencia en el que estamos. Ya hemos hablado sobre ello anteriormente. Es un acto aparentemente pasivo, pero que requiere de toda nuestra atención, enfoque y energía, ya que la observación casi siempre va a estar contaminada por el condicionamiento de la mente del yo.

Comprensión

Hablamos ahora de la importancia de comprender la verdad sin intentar evitar los sentimientos que produce, ya sean placenteros o aversivos. Comprender sin juzgar, sin intelectualizar. Intentando no huir ni controlar, tratando de fluir con lo que es, permitiendo sentirnos mal, aunque duela. Y comprendiendo que es normal, que estamos viviendo y que el dolor forma parte de la vida. El dolor, la tristeza y la depresión también tienen su razón de existir, aunque no lo comprendamos. Probemos a entenderlo y, si podemos, solo si podemos, a tolerarlo. A veces, el dolor es insoportable, y entonces hay que pedir ayuda. No estamos solos.

Probemos a verbalizar el dolor, aunque sea en un diálogo interior. A ser posible, sin mentirnos. Intentemos, quizá, expresarlo. Hagamos la prueba y, si duele mucho, aunque resulte paradójico, lo agradeceremos en gran medida, porque ese dolor nos está enseñando algo que necesitamos aprender. Y mientras duele, a la vez, podemos intentar recurrir a la compasión propia y abrazarnos con amor, porque el único amor que necesitamos, aunque en ese momento no lo comprendamos, está en todos y cada uno de nosotros. Probemos a buscarlo dentro, porque estará más o menos escondido, pero está ahí para nosotros, siempre y de manera incondicional. En resumen: debemos comprender, agradecer y abrazarnos. No es una condena, es parte del camino. Aunque muchas veces no lo comprendamos. Y, no lo olvidemos: respirar, pedir ayuda. No estamos solos.

Decisión

Nos referimos ahora a la importancia de ser pragmático —vivir en la verdad—. Tenemos la opción de decidir desde el pragmatismo. Es el momento de intentar poner en marcha la autoestima y la compasión y de hacer lo que es bueno para nosotros a largo plazo. Aunque no comprendamos muy bien lo que significa. Probemos a no hipotecarnos con decisiones que alivian el dolor momentáneamente, pero cuyo coste posterior podría ser simplemente inasumible. Intentemos no engancharnos a los analgésicos. Intentemos tomarlos únicamente cuando los necesitemos de verdad.

Probemos a no mendigar amor ni afecto, a no ceder a nuestra programación, a nuestro condicionamiento, a no bloquearnos pensando en que nadie piensa en nosotros, a no sentirnos evaluados ni juzgados. Procuremos no reaccionar, no permitir que el dolor incapacite la capacidad de razonar ni nos condicione ni decida por nosotros. Intentemos dar una respuesta cognitiva, poner en marcha la inteligencia general y no intelectualizar ahora. Aunque, insisto, en este momento no comprendamos nada de lo que estamos haciendo. ¿Lo probamos?

El camino nunca es lineal. Pasaremos por este tramo mil veces hasta que un día no haya que decidir, porque quien decide es la mente confundida, la mente del yo. La mente del no-yo, sin embargo, tiene la suficiente claridad como para no tener que elegir, para no tener que decidir. Lo veremos más adelante.

Actuación

En este punto es bastante probable que nos entre miedo y que sintamos incluso ataques de pánico. Es normal. Estamos respondiendo y se abren ante nosotros diferentes horizontes. Estamos viviendo y la vida también es esto. Pero si podemos, solo si podemos, y yo sé que muchas veces podemos, aunque creamos que no, enfrentémonos al miedo. El miedo no es nuestro, la sensación de miedo es solo del yo. No somos miedo. Intentemos no dejarnos vencer por la indefensión aprendida. ¿Luchamos? Luchemos. Levantémonos una vez más.

Caerse y levantarse, siempre, sin darnos por vencidos. Tiremos ahora, que para eso está ahí, del sentido de la propia eficacia, encontremos el valor, el coraje, la ilusión que están ahí, dentro de nosotros, aunque ahora mismo no los veamos. Tenemos que recordarnos a nosotros mismos, con amor, que somos capaces, porque lo somos. Probemos a repetirlo: «Somos capaces». Todo lo que necesitamos está en todos y cada uno de nosotros. Cuesta creerlo, soy consciente, pero hemos nacido con todo lo que necesitamos. Quizá no lo sepamos, pero no vinimos a este mundo con una mano delante y otra detrás, vinimos *full equipe*, con la equipación al completo. Probemos a usar todo nuestro potencial. ¿Lo hacemos? Y, si no podemos, siempre podemos hacer lo siguiente: respirar. Y, como ya se ha dicho, pedir ayuda. No estamos solos.

Ya os habréis dado cuenta de que este es el mantra del camino.

Liberación

Somos libertad, aunque no sepamos bien lo que eso significa. Libertad como resultado de todo lo anterior y libertad como propósito de vida, de una vida plena, de éxito, caiga quien caiga —aunque, insistimos, ahora esto no se entienda—, incluidos el yo actual, la identidad, la pareja, la familia, el trabajo, los amigos o las posesiones, y también las certezas, la seguridad o incluso lo que creemos que es la vida. Podemos perderlo todo, es verdad —y eso es bueno—, aunque ese no es el objetivo, porque cuanto menos tengamos, más libres seremos. No hay de qué preocuparse. Mientras dispongamos de la fuerza del camino, tenemos todo lo que necesitamos, aunque en este momento no lo comprendamos. Tampoco se trata de deshacerse de todo lo material para no tener nada. Eso es lo más fácil. Se trata de la verdadera pobreza, que es la trascendencia de la mente del yo y que ocurre sin la voluntad del yo. Hablaremos sobre ello más adelante también.

Pero probemos, si podemos, a no ceder nunca ni un ápice de libertad, ni por un segundo ni por nada ni por nadie. Aquello que recorta las libertades lo hace porque quiere esclavos. Hablamos del yo. Somos libertad y si se nos ha olvidado podemos recordar, ahora, que podemos alcanzar la libertad, podemos alcanzarnos a nosotros mismos y mantenernos libres, mantenernos en la esencia. Nada puede esclavizarnos, nadie puede, aunque el yo lo intentará siempre y empleará el miedo, el fracaso, las pasiones, los apegos, la mentira, el engaño, la crueldad, la atribución de la culpa y todo aquello que nos haga creer que sin eso no somos nosotros, que sin eso no se puede vivir. Todo es una mentira del yo para esclavizarnos. Porque la verdad de lo que somos es libertad. Y si no nos vemos así ahora mismo, si no nos sentimos libres, recordemos que podemos, si queremos, volver al punto uno de esta guía. De nuevo, podemos volver a intentar observar, ver y reconocer con sinceridad la falta de libertad y probar tantas veces como haga falta, volver a empezar. ¿Probamos?

Recuerda que el camino nunca es lineal, que a menudo, cuando creemos haber avanzado, estamos donde estábamos. Es así, no hay atajos.

Respirar. Pedir ayuda. No estamos solos.

Y con cada cima conquistada, con cada cadena de la que nos liberamos, con cada milímetro ganado y con cada hito alcanzado, detengámonos un momento para ver hasta dónde hemos llegado, el camino recorrido, para respirar, respirar profundamente y, sobre todo, para celebrar nuestra valía. Permitámonos hacerlo, porque estamos cada vez más lejos de la cárcel. Permitámonos premiarnos, hacer algo agradable y beneficioso que nos ayude a reforzar la libertad, porque eso nos permitirá a su vez establecer una base más o menos cómoda y segura desde la que seguir avanzando. Y quizá, sin ningún esfuerzo, comenzaremos a sentir también gratitud, verdadera gratitud por la vida, por la compañía, por ser y estar.

Y quién sabe si llegará un día en el que no tendremos que volver a pasar por todo ese camino de nuevo, un día en el que habremos logrado romper con todas las cadenas imaginarias que nos atan y habremos escapado del bucle de esclavitud y sumisión en el que el yo nos quiere. Un día en el que no tengamos que volver a caminar por el mismo tramo del camino. Ese será el día que nos veamos y reconozcamos como seres libres o, al menos, menos esclavos. Recordemos: somos libertad, permitámonos disfrutarla.

Sabemos que la esclavitud no es únicamente física. Muchas veces, la esclavitud es mental, y rara vez somos conscientes. A continuación, en primera persona, un ejemplo de esclavitud en forma de condicionamiento inconsciente.

La invisibilidad invisible

Un amigo, que me quiere, me ha ayudado a darme cuenta de algo que desconocía en mí. Resulta que llevaba unos días agitado con un asunto laboral. Sin entrar en detalles, solicitaba respuesta a una duda y las personas que llevaban este asunto simplemente no respondían —lo de menos es la importancia del asunto ni quiénes eran las otras personas implicadas—. Lo que a la mente le agitaba era preguntar y no recibir contestación, saludar y ser ignorado... Al profundizar en el malestar entendí, gracias a mi amigo, que la agitación procedía, sobre todo, de la sensación de ser invisible para los demás, de no existir, de no importarle a nadie. Todo esto me hacía sentir precisamente eso: que no existía. La sensación era angustiosa, asfixiante, y fruto de ese malestar, pensaba levantar la voz hasta ser escuchado, con independencia de cuál fuera la respuesta, eso era lo de menos. Se trataba, subrayo, de que me respondieran, de ver una reacción.

Lo «mágico» de este asunto está en que todo esto me ha permitido conectar con esa sensación de sentirme invisible, de estar, pero no ser visto, de no importarle a nadie, de que podría morirme en este instante y a nadie le importaría. Es probable que este sentimiento, que en ese momento me parecía tan horrible, tenga su origen en la infancia. Algo debió pasar, o no pasar, que me hizo sentir así de mal en su día. Y es ahora, muchos años después, cuando una situación similar evoca una respuesta idéntica en el subconsciente. Lo que experimenté de niño sería algo traumático, sin duda, y ese daño aflora hoy ante una situación similar: la no respuesta a la llamada, la desatención, el abandono.

Una vez comprendido todo esto, ha desaparecido esa sensación de angustia. Además, no me he juzgado en ningún momento por sentirme así, tampoco he intentado eludir ese sentimiento, simplemente he observado que me sentía así y, gracias a mi buen amigo, hemos podido profundizar y comprender por qué me ocurría. A partir de ese momento, curiosamente, he perdido todo el interés por obtener una respuesta relacionada con ese suceso. Ahora mismo, me sobra, ya no la necesito, ya no la busco, ya no la quiero ni la deseo ni me importa. Me siento afortunado por haber aprendido esto sobre mí mismo de la mano de mi amigo.

En este momento, quiero seguir profundizando sobre la experiencia de ser invisible a ojos de los demás, ya sea porque yo lo he elegido o porque los demás no me ven. Voy a indagar también en la relevancia que tiene para mí no ser importante para los demás, ya sea, de nuevo, porque lo elijo o porque, simplemente, no le importo a ciertas personas, o incluso a nadie. Quizá las raíces de todo esto no puedan llegar mucho más hondo, pero me doy cuenta de que sus ramas estaban dejando en la oscuridad muchas áreas de mi vida que, a partir de ahora, van a poder crecer a la luz de la verdad. Y en libertad, que es el tema de fondo de este capítulo. Noto que acabo de quitarme un peso enorme de encima, que acabo de salir de una celda que me aprisionaba, y lo he hecho gracias a mi buen amigo.

De esta manera, y permítaseme jugar un poco con las palabras, un problema invisible de invisibilidad ha dado visibilidad a un sentido de gratitud perfectamente visible.

Muchas gracias, Chema. Te quiero.

Lo anterior es una muestra del camino que recorremos, un ejemplo elocuente de que, aunque sea un camino que tenga que hacer uno mismo, no hay por qué hacerlo necesariamente solo. Y sirve de exponente del porqué de la última frase de este apartado, de nuestro reiterado mantra.

Respirar. Pedir ayuda. No estamos solos.

La terapia que vivimos y la que no

Muchas personas acuden a diferentes tipos de terapia durante, a veces, mucho tiempo con la idea de ser felices. Yo mismo, que no soy inmune a nada, sino un ser humano como cualquier otro, estuve un tiempo yendo a terapia y de aquella experiencia y su comparación con otros tipos de terapia extraje ciertas conclusiones —posiblemente equivocadas— relacionadas directa e indirectamente con el yo y la libertad. La terapia que viví consiste, o eso llegué a concluir, en llegar a entender que todos tenemos unas características determinadas extraídas a partir del llamado «análisis factorial» y en darse cuenta de cómo estas nos afectan en nuestro día a día, con el fin de controlarlas, fundamentalmente, pero no solo, a base de fuerza de voluntad para hacer aquello que es bueno para uno a largo plazo.

El enfoque factorial, en ese sentido, determina un conjunto de rasgos de personalidad y otros rasgos de la mente del yo con los que se posiciona a cada individuo en función de los resultados obtenidos mediante una serie de pruebas y de entrevistas personales. Así, hay aquellos que son más abstractivos y que tienden más a fantasear, aquellos que son más racionales, etcétera. Incluso puede suceder que alguien destaque en todos y cada uno de los diferentes rasgos, o en ninguno.

Por otra parte, el camino que aquí se propone consiste en entender que existe el yo, ya sea de una manera o de otra, y en intentar darnos cuenta de cómo nos afecta el yo en el día a día, mediante la simple observación neutral, sin identificarse y sin juzgarse, sin ningún propósito. El yo y tus rasgos particulares según el análisis factorial guardan muchas similitudes, aunque no sean exactamente lo mismo.

En la observación desidentificada y sin juzgar del camino, este nos transforma y se transforma con nosotros permitiendo, a la vez, pero no como propósito, un cierto alejamiento del centro del yo.

A diferencia de la terapia que viví, el camino que proponemos no dice que utilicemos la fuerza de voluntad para hacer nada. Esa es, quizá, la mayor diferencia. Considera que utilizar la fuerza de voluntad fortalece el yo y que la simple observación neutral, y sin juzgar, permitirá ver el yo y, una vez visto, la mente del yo responderá en consecuencia. No obstante, el camino muchas veces transita por tramos donde la fuerza de voluntad es la que nos arrastra y nos saca de donde estábamos, así como por tramos donde la falta de fuerza de voluntad nos deja estancados donde estábamos. Como vemos, el camino no es uno de mayor o menor fuerza de voluntad. El camino es el que es y transita por tramos diferentes, e incluso aparentemente opuestos.

La terapia que viví resultó efectiva para resolver problemas acuciantes, generados por el yo, en poco tiempo. Recordemos que estamos en el yo prácticamente siempre y que la única manera que el yo conoce de enfrentarse a sí mismo es tirando de fuerza de voluntad. Es parte del camino. Desde aquí, simplemente estamos intentando mostrar los diferentes tramos de los que se compone el camino recorrido por uno, no se promete nada, no se marcan objetivos ni se busca nada más que la observación del yo y las consecuencias derivadas de dicha observación, que serán las que sean dependiendo del camino de cada uno.

Mi terapia se basó, fundamental pero no únicamente, en la fuerza de voluntad, en la práctica, en la adquisición de hábitos nuevos y saludables y en la eliminación de los que no lo son, en diferenciar entre lo que es bueno y lo que no lo es, en obtener resultados. Comportarse de esa manera implica, en determinados momentos, en la opinión de uno, ejercer violencia más o menos velada contra uno mismo e incluso utilizar el ego para sustituir comportamientos y pensamientos considerados como negativos a favor de otros considerados como positivos. El resultado final puede ser un ego modificado y fortalecido sobre la base de las nuevas creencias, que son identificadas como positivas. Es posible que estemos sustituyendo unas creencias y unos comportamientos desadaptativos o disfuncionales por otros considerados por el terapeuta y por la sociedad como más adaptativos o funcionales. También es verdad que es muy posible que simplemente yo no entendiera el verdadero significado y la profundidad de aquella terapia. De hecho, no llegué a terminarla.

El camino que aquí se muestra, hasta donde soy capaz de comprender, pasa por la simple observación neutral y sin elección del camino. Transita por tramos de exploración y de investigación de la propia mente del yo, del ego. En ese acto de mirar no juzga, no busca modificación, ni aceptación ni rechazo. No ejerce, en esa mirada, ningún tipo de control ni de violencia contra uno mismo ni contra los demás. Se basa en la observación de lo que es, del camino como es, sin que pase, en la medida de lo posible, por el filtro del yo. Si resulta que la observación de lo que es se está realizando a través del filtro del yo, simplemente se observa que eso es así.

Curiosamente, la observación neutral produce la debilitación del yo sin que sea percibido así por este y, por tanto, sin que este se ponga a la defensiva. No se esperan resultados, cambios ni progresos. Esperar algo implica dejar de observar, y eso lleva de forma irremediable a fortalecer el yo. Cuando los cambios llegan, estos no son ni tan siquiera percibidos por el yo. En el momento en que son percibidos se convierten en un nuevo yo, más fortalecido que el anterior.

En mi caso, la terapia vivida buscaba obtener un cierto resultado mediante la práctica de ciertas disciplinas que, de manera efectiva, consiguen el resultado esperado. Eso no es necesariamente la libertad de la mente del yo, pero sí es parte del camino.

Ir a terapia es ir a escuchar aquello que no sabíamos que sabíamos.

La mente del yo que examina cada pensamiento y cada acto sin juzgarlo, de forma neutral, sin elección, sin esperar ningún resultado, sin practicar ninguna disciplina, es una mente libre o en proceso de ser libre, es una mente desconectada del yo.

Este es el camino que aquí se muestra, sin que sea entendido como un nuevo conjunto de prácticas, sin convertirlo en un nuevo ritual, sin reglas, sin límites. Es el camino individual que transitaremos cada uno de nosotros a nuestra manera, a nuestro ritmo. Aunque lo recorramos solos, nunca estaremos solos.

Respirar. Pedir ayuda. No estamos solos.

Solo con una mente libre se puede alcanzar la libertad.

La libertad es la consecuencia de una mente libre.
La búsqueda de la libertad impide la libertad.

Darle mil vueltas a todo

Un día, alguien me dijo que le daba mil vueltas a todo. Aquello, siendo la mente del yo como es, me hizo darle mil vueltas al hecho de ver si de verdad le daba mil vueltas a todo. Después de un tiempo, llegué a las siguientes hipótesis, que, dicho sea de paso, para darle, supuestamente, mil vueltas a todo, no resultaron ser demasiadas.

Dicen que le doy mil vueltas a todo.

Uno se da cuenta de que la mente del yo, cuando considera que algo es un problema, lo aborda desde mil sitios diferentes intentando comprender ese problema. La mente del yo es como es, y ser así a veces le hace sentir paz, pero generalmente no.

La mente del yo puede ser entrenada, pero entonces será una mente forzada, condicionada y seguirá siendo una mente del yo.

Uno no sabe si existe algo así como una mente libre.

Uno no sabe si mente y libertad son incompatibles, pero espera que no, lo cual ya es un indicio de una mente que en este momento no es libre, de que es una mente controlada por el yo.

La libertad no es pensada

La mente del yo no es libertad, es percepción, identificación y acción automática.

Hablar de libertad es paradójico.

La actividad de la mente del yo es contradictoria con la libertad.

Si hay pensamiento desde el yo, no hay libertad.

La libertad es espontánea, irracional, desenfadada, despreocupada.

Y a continuación, una serie de apuntes, no concluyentes, sobre el ego y la libertad.

El ego no puede ser libre.

El ego siempre está en venta o en alquiler. Lleva colgado del cuello un cartel que pone «SE VENDE» o «SE ALQUILA».

¿La sala de tortura más cruel? El ego. Porque el ego no es solo una prisión, es sobre todo una sala de tortura.

Recuperas libertad cuando dejas de buscar la admiración de los demás.

Catalogamos lo que experimentamos entre «atracciones» y «repulsiones» y empleamos toda nuestra energía en huir de las repulsiones y centrarnos en las atracciones. Comportarnos así nos limita, nos aísla y no nos permite ser libres.

Uno elige vivir bajo el árbol de la libertad antes que hacerlo en la cárcel de la moral. Mientras haya elección habrá confusión. La mente del no-yo, ya lo hemos dicho, no elige.

Aunque lo que hoy hagamos choque contra vuestros valores y vuestra moral, agradeced que vivamos en un tiempo donde la libertad a veces prima sobre la moral. Quizá hoy esto os altere, pero algún día puede que esa primacía de la libertad sobre la moral salve vuestras vidas y la de los que consideráis vuestros.

Libertad siempre. Liberados del yo.

La orden (el mandato) no es el orden. Ordenar puede significar dar órdenes (mandar) o poner orden (colocar armónicamente).

La defensa de cualquier posición, pensamiento o idea es un acto de supervivencia del yo, que se siente atacado o herido y que se resiste a desaparecer. Por eso el camino no puede ser defendido ni pensado. Solo puede ser recorrido por cada uno a su ritmo y manera.

El pensamiento se elabora con los recuerdos. Las ideas son el fruto del pensamiento. Por tanto, las ideas están condicionadas por nuestros recuerdos. Las ideas marcan la acción. Así pues, la acción está condicionada por nuestros recuerdos. No actuamos de forma libre. Nuestros actos son la expresión de nuestro condicionamiento. Ahí no hay libertad.

La verdadera libertad no consiste en hacer lo que a uno le dé la gana, porque eso no es otra cosa que satisfacer los deseos que nos esclavizan. Es servir al amo. La verdadera libertad es la libertad para hacer aquello que está en armonía con la naturaleza, la libertad para que la esencia se despliegue ante los ojos que miran con amor, para que florezcan la verdad y el amor.

Libertad es relacionarse con el instante presente sin las referencias del pasado ni las ilusiones del futuro.

Escogemos caminar descalzos por el desierto pedregoso sencillamente porque nos criamos en un lugar igual de inhóspito y, lamentablemente, no conocemos ni podemos soñar nada mejor. Realmente uno no elige, es esclavo de su infancia. Hasta que deja de serlo. No es libertad hasta que recuerde que lo es.

La verdadera libertad es la libertad de preguntar. El camino se presenta ante uno y se construye con cada pregunta. Luego, hay que recorrerlo por donde transite.

5. Ego y voluntad

En el capítulo anterior hicimos referencia a la terapia que yo mismo hice. Aquella experiencia fue percibida por mí como positiva y saludable en muchos sentidos, pero en otros no tanto, fundamentalmente por el uso que se hizo de la fuerza de voluntad para movernos de donde estamos. A continuación, contaremos con mayor o menor acierto la relación entre el ego y la fuerza de voluntad, intentando que no suene como una crítica hacia la terapia recibida, puesto que en ningún caso lo es, sino como una especie de «lecciones aprendidas», por si le sirve a alguien hoy, recordando que yo estoy en el presente momento en el nivel de conciencia en el que estoy.

Antes, aún debo aclarar algo, y es que nadie me obligó a hacer nada que no quisiera, fue uno mismo desde la mente del yo el que decidió tirar de fuerza de voluntad para salir del agujero en el que estaba. Aquello tuvo consecuencias muy positivas para mí y seguramente no pude haberlo hecho ni de otra manera ni mejor. El camino es el que es.

Compasión en la terapia eficiente

Dejar la «droga» de un día para otro, si bien es un acto de amor propio, es también sentido como un acto de extrema violencia hacia uno mismo. Supone una tensión de la voluntad que es llevada al límite de sus fuerzas y que, por desgracia, puede acabar por romper a la persona, por llevarlo a tirar la toalla, ya que el sufrimiento, en esos momentos, resulta insufrible. La realidad es que, si en ese punto no se le ofrece a uno nada en donde apoyarse, el dolor puede ser intolerable.[1]

Creemos que, si a una mente que vive desde el yo, le pedimos tirar de fe, de amor propio y de sentimiento de autoeficacia, sería bueno también poder ser capaces de ofrecerle un «calmante» mientras sufre, aunque sea simplemente en forma de abrazo emocional. Un mecanismo compensatorio temporal en forma de compasión sincera y amor que mitigue su dolor físico y emocional. Compasión, vamos, en toda su extensión.

El dolor de dejar la droga en esas circunstancias de forma radical y la prescripción del contacto cero genera, en la experiencia que uno vivió, un dolor tan grande o incluso mayor que el originado por la propia relación tóxica. Y cuando el yo tiene que elegir

---

1 La droga a la que hacemos mención, en este caso, era una relación entendida como tóxica y de dependencia originada en el miedo al abandono no afrontado adecuadamente; no tiene que ver con el consumo de ninguna sustancia.

entre dos dolores, uno conocido y otro desconocido, muchas veces va a elegir continuar con el conocido.

Durante el proceso de terapia, que en este caso formó parte del camino recorrido por uno en aquel momento, se me ofreció, a modo de analgésico, para calmar el inmenso dolor emocional y físico, un «abrázate a ti mismo, todo lo que necesitas está dentro de ti». Y debo reconocer que, en este caso, aquello fue más o menos efectivo, porque fui capaz de ver, no sin un desgaste previo enorme, ese amor en mí mismo. Pero también hay que decir que el dolor y la violencia por las que pasé no compensaron durante mucho tiempo abandonar la droga ni el placer que obtenía al consumirla. Durante mucho tiempo no le encontré sentido a seguir sufriendo, no me sentía motivado para seguir luchando, ni incentivado de ninguna manera. Aunque puede que sí que lo estuviera y simplemente no lo percibía, pero no lo recuerdo. Y en aquellos momentos de sufrimiento extremo era cuando necesitaba más que nunca la compasión de los que me rodeaban, por lo menos hasta que fuera capaz de encontrar en mi interior ese abrazo que tanto necesitamos todos. Uno encontró ese abrazo y esa compasión principalmente en las terapias de grupo. Allí vi otras mentes igual de torturadas que la mía. Y allí recibí el abrazo, el apoyo y la fuerza que necesitaba en aquel momento para seguir recorriendo el camino.

Respirar. Pedir ayuda. No estamos solos.

A los drogadictos se les administra metadona para que puedan soportar el síndrome de abstinencia. ¿Qué podemos ofrecerle a quien sufre para superar el síndrome de abstinencia emocional? Esta pregunta vale para cualquiera que esté sufriendo en una relación denominada como tóxica o en una relación entre dos egos heridos. En esos momentos de crisis, durante el enfrentamiento a muerte, y desnudo con su entonces miserable existencia, uno ciertamente necesita recibir buenos consejos, escuchar la esperanza de un futuro mejor. También se agradecen los gestos de reconocimiento en los momentos en los que uno se sentía más solo, más abandonado y más hundido. Pero lo más importante es la percepción de compasión por parte de aquellos que estaban alrededor.

De las pocas cosas que tengo claras en este momento de conciencia es que la compasión no puede estar nunca fuera de ninguna terapia ni de ninguna relación saludable entre seres humanos. La compasión forma parte indisoluble del camino. Estas reflexiones podrían valer a cualquiera durante el proceso de querer salir de una situación donde se sufre, de querer comprender el funcionamiento del yo. En esos momentos hace falta compasión y amor hacia uno mismo, pero hasta ser capaz de darse el abrazo que necesita, el ejemplo de compasión que proviene de fuera nos ayudará a reconocer esa compasión por nosotros mismos. Es posible, también, que en esos momentos de desesperación no seamos capaces de percibir la compasión que recibimos de fuera. Por eso sería bueno intentar, en la medida de lo posible, ser siempre más compasivos con los demás y, por supuesto, con nosotros mismos. Tiempo después de aquella terapia, estoy profundamente agradecido a todos y cada uno de los que participaron con su amor.

Desde el punto de vista del yo, la terapia fue vivida con dureza, porque no había por parte de uno comprensión total del hecho que generaba el dolor. No había comprensión de uno mismo. Eso llevó a uno a tener que elegir, y en la elección siempre hay sufrimiento. En este caso, tenía que elegir entre dejar algo que deseaba —la relación tóxica—, pero que también sabía que hacía daño, a cambio de nada realmente tangible, a cambio de una esperanza o un acto de fe, o elegir seguir como estaba. Uno eligió dejar la droga y se le dijo que aceptara la pérdida a nivel cognitivo, porque era por mi propio bien, lo cual era cierto. Y se hizo arrastrado en un vendaval de fuerza de voluntad, en vez de hacerlo por haber alcanzado una profunda comprensión del hecho. Probablemente fue así porque en aquel momento era como era, y la mente era como era, y el nivel de conciencia era el que era. Seguramente, ni yo ni los que me rodeaban entonces podíamos haber hecho nada de forma diferente a como se hizo. Es cierto que yo tiré como un loco de fuerza de voluntad para salir de donde me estaba quemando vivo, pero también es cierto que nadie me obligó a hacerlo así. También es cierto que la terapia tocó muchos otros palos que fueron necesarios para la sanación de la herida del abandono y que no reflejamos aquí para intentar preservar un cierto hilo conductor.

El camino es el que es, y a veces transita por auténticos lodazales, por arenas movedizas donde aparentemente uno no puede moverse.

Respirar. Pedir ayuda. No estamos solos.

Donde hay elección, no hay verdadera comprensión, y donde hay comprensión, no hay elección.

Yo tuve que elegir porque no había alcanzado una verdadera comprensión del yo, de qué es lo que me llevaba a sentir esa dependencia. Y me animé a terminar con esa relación mientras se me hacía ver que esta solo tenía sentido desde el ego herido. Una vez comprendido el funcionamiento del ego, dicha relación nunca hubiera tenido la más mínima oportunidad. En este caso, la falta de comprensión del funcionamiento del ego me llevó a tener que elegir, mientras que si hubiera sido al contrario, es decir, si hubiera adquirido una verdadera comprensión del funcionamiento del ego y de su necesidad de dependencia, directamente hubiera dado dicha relación por finalizada, sin elección posible.

Los progresos se lograron principalmente, como ya se ha dicho, a base de tirar de pura voluntad, haciendo un esfuerzo sobrehumano y agotador, sacudido por un tornado de voluntad, como Dorothy en *El mago de Oz*. Y es verdad que al final terminó bien. Ese fue el camino que se apareció delante de mí y que decidí recorrer de esa manera. Hoy, lógicamente, ya no me encuentro en esa encrucijada.

Ante la tesitura de elegir entre dar una relación por finalizada o continuar con ella, una verdadera comprensión del hecho podría haber evitado parte del sufrimiento, pero, como se suele decir: cuando el carro se hunda en el barro, todos vendrán a decirte que elegiste el camino equivocado. El camino es el que es y hay que recorrerlo paso a paso.

El proceso de sanación no es otra cosa que un proceso de comprensión en el que, si están ausentes la empatía, la consideración y, sobre todo, la compasión, difícilmente se logrará una verdadera sanación. Y esto quizá sea lo más difícil, porque el yo no comulga con ninguna de esas fuerzas. Tampoco debería faltar amor, mucho amor.

Como se ha dicho anteriormente, el camino que aquí se presenta no establece objetivos, no busca resultados, no se inquieta si hay avances o retrocesos y no se da nunca por finalizado. Uno observa los altibajos. El alta no existe como concepto, ni tampoco la baja. Sencillamente, no es una terapia ni pretende sustituir a ninguna terapia. Es un camino de realización.

Las anteriores reflexiones se han planteado por si alguien decide comenzar una terapia convencional para que, cuando menos, sepa distinguir entre ambos procesos, recordando que es la observación y la comprensión del hecho lo que lleva a la transformación del mismo, en un movimiento continuo de no elección. La terapia, en caso de producirse, forma parte del camino en aquellos casos en los que decidimos pasar por un proceso de terapia. El camino engloba todo lo que es, la posible terapia también, pero es mucho más que ir o no ir a terapia.

Conviene aclarar, una vez más, que desde aquí no se incentiva a nadie a dejar su terapia ni a rechazar una buena terapia. Yo viví mi proceso de terapia y aquello fue determinante y muy beneficioso. Aquel proceso formó parte de mi camino y desde aquí aprovecho para agradecer profundamente a todos los implicados que me acompañaron en esa parte del camino. También sé que volveremos a coincidir en otros tramos del camino, quizá con diferentes nombres y en diferentes lugares, pero con la certeza de que nos reconoceremos unos a otros y podremos expresar nuestra gratitud eterna por haber coincidido en aquel momento.

Que no falte la gratitud.

Velle

Terminamos este capítulo con una serie de reflexiones relacionadas íntimamente con la voluntad del yo y con el hecho de elegir. El término «voluntad» procede del latín *voluntas, -ātis,* al que nos referimos en el sentido de deseo, ganas, afán, ánimo de..., que queremos encadenar con un verbo latino, *velle,* en el sentido de «desear, querer, anhelar algo». La fuerza de voluntad es la fuerza a la que nos somete el ego para lograr aquello que desea. No deja de ser otra cosa que la forma que tiene el ego para satisfacer un deseo.

La psicología trata de arreglar el ego y la economía trata de solucionar los problemas que genera el ego. Pero, lamentablemente, ambas están muchas veces fracasando, porque en su sincero intento de arreglar el ego, lo único que consiguen es que este se perpetúe.

Si hay renuncia, no es sincero.

Forzarse uno a sí mismo con el ánimo de cumplir un objetivo no es valorarse uno a sí mismo, es violarse uno a sí mismo.

La mente tira de voluntad cuando está confundida. Cuando hay claridad, no es necesaria la voluntad. «Confusión» es la acción de fundir, de mezclar completamente, desorden y revoltijo, incapacidad de discernir nada, percibir todo revuelto.

La acción nace de la comprensión.

El libre albedrío, como expresión de la capacidad de elegir, es una muestra de la confusión de la mente. Nota: Uno no recuerda si esto lo dijo J. Krishnamurti o no, pero, en cualquier caso, es vivido así desde este estado de conciencia actual. El verdadero libre albedrío no es elección, es libertad sin elección.

Cuando hay claridad, no hay elección. Solo elige una mente que está confundida.

La excitación del yo genera confusión y la confusión excita el yo.

«Yo necesito» es la expresión máxima del ego. «Yo quiero» es otra expresión del ego.

La realidad es que el ser humano ha enfermado en un ser egocéntrico, y que el ego puede ser entendido como una enfermedad de la verdadera esencia.

Montarnos en una nave espacial y escapar de la tierra no hará que dejemos el ego atrás; la práctica —de lo que sea—, tampoco.

Respirar. Pedir ayuda. No estamos solos.

Uno mismo

Uno mismo es muchas veces el único lugar en el que uno va a encontrar verdadero consuelo.

Uno puede ser su propio consuelo.

Uno puede ser su única dicha.

Iluminación sin dicha no es iluminación.

Uno puede ser fuente de dicha.

Uno puede ser dicha.

Esforzarse es antinatural.

El esfuerzo es generado por el ego.

Todo esfuerzo es deseo.

Todo esfuerzo es represión.

Esfuerzo en este contexto significa deseo.

La naturaleza es sin esfuerzo, sin deseo.

La dicha es sin esfuerzo, sin deseo.

La dicha es espontánea.

Iluminación es sin esfuerzo, sin deseo.

A la fuerza ahorcan.

Fluir o forzar.

Lo que es, es, y no puede ser forzado, deseado.

No confundamos esforzarse con ser fuerza.

Somos fuerzas que interactúan con todo.

Somos fuerzas sin necesidad de esforzarnos.

Somos fuerzas sin necesidad de desearlo.

Juntos es mejor.

Respirar. Pedir ayuda. No estamos solos.

Uno se destroza a sí mismo persiguiendo sus sueños.

6. Ego e inconsciente

Comenzamos este nuevo capítulo con una pequeña historia sobre las consecuencias del inconsciente en el ego.

La bronca

La mayoría de las veces, en lugar de responder, reaccionamos. Ya lo dijimos. Cuando uno va, por ejemplo, desde el dormitorio hasta el salón a coger el cargador del teléfono móvil, y según está yendo se encuentra con las luces del pasillo encendidas —luces que uno piensa que deberían estar apagadas, ya que no hay nadie allí—, a uno aquello le da rabia y se enfada. Algunos podrían pensar que ese enfado es lógico, otros que no es para tanto, otros que es desproporcionado, pero ¿de dónde surge esa reacción ante un hecho tan trivial como encontrarse las luces de un pasillo encendidas? Este es un ejemplo de una reacción, de una forma de ser que hasta este momento nunca antes se había parado uno a observar y, lógicamente, tampoco había entendido por qué esa reacción.

Analizando un poco, uno se ha dado cuenta de que el enfado se origina, entre otras cosas, porque «esa cosa» que le desvía a uno de su objetivo, en este caso las luces encendidas del pasillo, es percibida por la mente inconsciente como una interferencia e incluso como «una persona que no le permite a otra persona hacer lo que tiene que hacer». ¿De dónde surge esa idea? ¿Por qué uno interpreta así el hecho de encontrarse las luces del pasillo encendidas?

Si lo examinamos más en profundidad, nos damos cuenta de que vivimos esa «interferencia» como si hubiera «alguien» molestando a aquel al que la mente identifica como padre, alguien impidiendo que él, el padre, pueda hacer aquello que estaba haciendo. Y el problema, curiosamente, no es la interferencia en sí ni la posible molestia o la distracción, sino la bronca consiguiente, el enfado descomunal del padre mental, su violencia hacia uno o hacia aquel que le había distraído o molestado.

Respondemos a través de la respuesta aprendida de aquellos de los que aprendimos.

Cuando, hoy en día, algo altera el supuesto plan que uno tiene, uno revive el trauma de la infancia generado cuando algo alteraba el plan del padre mental y este respondía con violencia. En el presente, esos circuitos neurológicos de «molestar-ser castigado», siguen activos en la mente como si uno tuviera aún cinco años. Y el padre mental ya no necesita estar presente, no necesita estar físicamente ahí, porque el circuito de respuesta al estrés funciona de forma automática, generando el castigo oportuno por el error cometido, por distraernos del objetivo, por alterar, aunque sea mínimamente, los planes —sus planes—.

La falta de paciencia, la violencia, la frialdad en esos momentos en el trato del padre mental tanto hacia uno como sobre aquellos a los que la mente identifica como hermanos y como madre —los hermanos y la madre mentales—, la crueldad y la falta de amor aún siguen vivas y vigentes en la mente. A niveles muy profundos, pero ahí siguen. Las reacciones —inconscientes— son las mismas que las que se aprendieron en la infancia.

Al menos, hoy nos hemos dado cuenta. Y resulta iluminador. ¡Gracias! Ese es un tramo del camino recorrido. Recordamos que el camino de cada uno es diferente. Compasión y gratitud, a pesar de lo experimentado.

En ese sentido, uno llega a las elaboraciones que señalamos en las próximas líneas.

Inconscientemente, repetimos patrones aprendidos.

La mente inconsciente imita lo que experimentó.

Toda compulsión nace de una necesidad irracional.

La terapia y la sanación y, sobre todo, el camino, pasan por traer al consciente lo inconsciente. Traer a la conciencia el inconsciente. Hacer consciente el inconsciente.

A continuación, haremos algunas reflexiones más sobre la primera infancia y el inconsciente.

El bebé invisible

Lo siguiente no es ciencia, como no lo es —como ya hemos afirmado más veces— nada de lo aquí expresado. Se emplea tan solo con fines ilustrativos. Parte de lo que se dice coincide con lo que otros han dicho, y parte no, pero en ningún caso trata de entrar en conflicto con otras afirmaciones. Son tan solo las realizaciones de esta mente del yo que no pretende sentar cátedra ni tampoco podría. Tan solo quiere compartir su experiencia, la vivencia del camino recorrido por si a alguien le sirve para comprender cómo se siente uno cuando está transitando por ese mismo tramo.

Aparentemente, el infante siente el pecho de su madre como parte de sí mismo, se fusiona con él. El hecho de querer mamar y sentir las sensaciones agradables que surgen alrededor del hecho de mamar —calor corporal, olor agradable, sonido, tacto, visión— parece ser que provoca, a su vez, una sensación muy desagradable cuando el pecho de la madre es retirado de forma brusca o cuando no está disponible o no sacia lo suficiente o cuando durante el acto de mamar están teniendo lugar situaciones estresantes, como que la madre esté en tensión o haya ruidos fuertes que asusten al bebé, etc. Todas esas sensaciones, tanto las placenteras como las desagradables, quedan grabadas en el cerebro y con el tiempo acaban volviéndose inconscientes, ya sea por olvido o por represión. Lo mismo ocurriría si se tratara de un biberón.

En la edad adulta, cuando el individuo se empareja con otra persona, todas estas sensaciones inconscientes olvidadas o reprimidas se reactivan, condicionando el tipo de relación que el individuo establece con su pareja. Por eso resulta tan dolorosa para algunos individuos la idea de separarse de su pareja, de ser abandonado. En esos casos, se está reproduciendo el patrón doloroso experimentado en la primera infancia, la sensación de hambre con toda la angustia generada se revive como si estuviera ocurriendo en este instante. El adulto se comporta como lo hacía en la infancia, iniciando acciones de protesta y sintiendo verdadero pánico cuando su «pecho bueno» se aleja.

La fusión infantil pecho-boca es la que genera la adicción a la pareja en el adulto. El hecho de no haber resuelto de forma favorable esa fusión en la infancia hace que en las siguientes etapas la conciencia traduzca situaciones parecidas a aquella —como el emparejamiento— de forma equivocada, reproduciéndose las mismas sensaciones dolorosas que en la infancia. Ese error de traducción impide al individuo comprender el significado real de una relación adulta y le impide, por tanto, trascender su conciencia preyoica y continuar con su evolución.

En ocasiones puede seguir avanzando y «pasando de nivel», pero llega un momento en el que el error de procesamiento arrastrado desde la más tierna infancia le impide avanzar más, quedando el individuo adulto estancado en su fase de yo maduro. Un yo maduro inadaptado, un yo maduro no cerrado, sentido como defectuoso, dolorido, enfermo, herido. De ahí surgen las sensaciones de malestar, de no acabar nunca de sentirse completo, de que algo nos falta, de angustia, de tristeza, de depresión, de desesperanza.

Si bien aquí se distingue entre un yo maduro y un yo infantil, tanto uno como otro son egos y de egos es de lo que llevamos hablando desde el primer capítulo del primer libro. Aquí no juzgamos los egos en funcionales o disfuncionales, en adaptativos o desadaptativos, en más o menos generosos, en egos adultos o infantiles, aunque a veces hagamos referencia a ellos. No negamos que eso pueda ser así. Sabemos que la psicología intenta resolver muchos de esos problemas. Aquí nos limitamos a exponer la existencia del ego y sus consecuencias en la humanidad, abordando el hecho humano desde diferentes perspectivas. Unas tendrán una raíz más psicológica, otras la tendrán más filosófica, otras quizá más social o más espiritual. Empleamos las que se presentan en el camino, según se van presentando, con la intención de mostrar el camino a quien pueda interesarle, aun a sabiendas de que su camino será diferente al que aquí se cuenta.

Volviendo al tema que nos ocupa en este momento, el inconsciente, nos damos cuenta de que a través de la autoobservación sin juicio y sin elección de los propios actos, puede hacerse consciente lo inconsciente. No parece posible acceder al inconsciente, al deseo reprimido de mamar, al miedo inconsciente de pasar hambre, al sentimiento de abandono, mediante la razón ni el estudio, ya que el inconsciente funciona en una dimensión diferente. También es posible utilizar la regresión y la hipnosis para exponer el inconsciente al consciente. Pero desde el nivel actual de conciencia, y con las herramientas que tiene uno a su alcance, la forma más simple de descubrir la influencia del inconsciente en la mente es a través de la observación de los actos aparentemente sin sentido, ilógicos o poco razonables que hace el individuo.

El inconsciente, ya lo dijimos, es el hombre invisible que no puede ser visto, pero que sí puede ser detectado a través de las huellas que va dejando en el barro o en la nieve cuando camina. No podemos verlo, pero podemos ver la huella que deja al caminar. Lo bueno de ver las huellas que va dejando el inconsciente es que nos permite conocer su existencia, saber cómo es, qué hace, cómo funciona; en definitiva, identificarlo correctamente. Podemos, como verdaderos *scouts*, analizar esas huellas en la nieve y deducir el tamaño o la forma del ser invisible, el ritmo al que camina, su dirección...

Y una vez identificado, nos resulta relativamente fácil desidentificarnos de él, trascenderlo y seguir con la transformación, seguir caminando. No tenemos que luchar contra el miedo abandónico ni obligarnos a dejar de relacionarnos con la persona de la que estamos «enganchados», ni sentirnos fatal por ser incapaces de desengancharnos ni odiarnos a nosotros mismos por ser «tan débiles» ni culpabilizar a nuestra madre ni sentir lástima por la infancia ni creer que nunca vamos a ser capaces de superar esta dependencia ni sentirnos mal ni infelices y desgraciados por ser como somos. No tenemos por qué hacer nada de eso, pero si queremos hacerlo, observemos, observemos qué estamos haciendo. Veamos si estamos adjudicando culpas y por qué razón lo hacemos. Analicemos si estamos repartiendo comprensión y compasión y por qué lo hacemos. Observemos detenidamente cómo caminamos. Y mientras observamos, que no se nos olvide: respirar, pedir ayuda, no estamos solos.

Lo más simple que se le ha ocurrido a uno en este momento, mientras recorre el camino, es observar sin juzgar cómo el miedo a volver a sentir hambre nos paraliza y nos hace sentirnos como niños indefensos, nos llena de angustia y de pánico y nos hace fracasar en nuestras relaciones de pareja. Observo sin juzgar cada vez que se produce, de la misma manera que observaríamos las huellas que el hombre invisible va dejando en la nieve cuando camina. Y una vez identificado y comprendido, el hombre invisible se convierte en visible. Y en ese momento me doy cuenta de que no era ningún hombre peligroso ni ningún monstruo que quería hacernos daño, sino que, al contrario de lo que cabría pensar, se trata de un bebé chiquitín, inocente y tremendamente asustado, que está llorando y está paralizado por el miedo a separarse de su pecho bueno, que no quiere soltarlo, porque cree que si lo suelta va a pasar hambre, y eso le asusta profundamente. Así de simple y así de fácil, una vez ha sido comprendido.

Observar al bebé asustado por no poder mamar nos hará sentir compasión por él, abrazarlo con amor y darle muchos besos para que sepa que no está solo, que es amado y que vamos a asegurarnos de que no va a volver a sentirse hambriento. Y una vez consolado el bebé, el inconsciente quedará limpio, sano, curado de esa herida y el miedo acabará disolviéndose por sí mismo. Sin violencia, sin represión, todo mediante la observación, la comprensión y la compasión. Todo con amor. Este camino es un camino de amor, aunque a veces resulte tremendamente difícil, pero recordamos el mantra.

Respirar. Pedir ayuda. No estamos solos.

De adulto

Uno se siente amenazado.
Constantemente se siente amenazado por
algo o por alguien.
Uno está tenso, alerta, en guardia,
preocupado.
Percibe el entorno como amenazante.
Tiene miedo.
Es inconsciente, pero el miedo le impide a
uno moverse libremente.

Es como estar metido hasta el cuello en un campo de arenas movedizas.

Puedes respirar, pero no puedes avanzar.

Uno tiene miedo a perder la vida, a morir, a dejar de existir.

A no ser, a desaparecer.

Entonces uno acapara, acumula, se protege como sabe.

Busca refugio, tiene cuidado.

Uno es ego.

Eso también forma parte del camino.

En ese momento recordamos:

respirar, pedir ayuda. No estamos solos.

Unas consideraciones más sobre el yo:

Quien no se respeta a sí mismo, no respetará a los demás.

Quien se utiliza y se destruye a sí mismo, utilizará y destruirá a los demás.

Quien se trata a sí mismo como un medio, tratará a los demás como un medio.

Si queremos poder confiar en los demás, empecemos por confiar en nosotros mismos. Los demás son un reflejo de la idea que tenemos de nosotros mismos.

Con este capítulo damos por finalizada esta primera parte del libro segundo. Ahora continuamos nuestro camino intentando observar si hay algo más allá del yo. Es posible que lo haya, es posible que no. Quizá solo algunos puedan verlo. Quizá todos podamos verlo. Quizá no haya nada más que ver desde este estado de conciencia. Fuera como fuere, caminamos y recordamos el mantra recurrente.

Respirar. Pedir ayuda. No estamos solos.

SEGUNDA PARTE.

TRASCENDER EL YO.

EL NO-YO. CONOCERSE

1. Trascender el yo

Yo no existo.

我, 不存在

Comenzamos la observación de otra parte del camino: la trascendencia del yo. Esto puede sonar muy prometedor, pero veremos que no lo es tanto. No es bueno generar falsas expectativas. Es muy probable que muchos de nosotros nunca lleguemos efectivamente a trascender el yo. Es posible incluso que trascender el yo no forme parte de nuestro camino. Quizá nuestro camino sea recorrer el camino del yo, observar, tomar nota, analizarlo y experimentarlo o incluso contarlo. Quizá sean otros los que recorran el camino que continúa más allá del yo. Quizá nuestro camino sea acompañar a nuestros compañeros de camino, aquellos que trascenderán el yo y aquellos que no. Ningún camino es más noble que otro, todos son igual de nobles y valiosos. No son mejores los que trascienden el yo que los que no lo hacemos. No es sano compararnos con los demás. Valoramos la oportunidad que tenemos de caminar y damos gracias por ello. Y aprovechamos esta introducción para recordar lo que ya sabemos: que el camino nunca es un camino lineal.

Intentemos no caer en la desesperación del yo y sigamos recorriendo el camino tal como se presenta ante nuestros ojos.

Hacemos un pequeño paréntesis para señalar que nuestra pretensión es que el lector empatice y se dé cuenta de que no está solo a la hora de trascender el ego. Esta es una de las claves de estos libros, la exposición completa de uno mismo, desnudarse para mostrar todas nuestras vulnerabilidades y miserias para que si alguien, en algún momento, está en ese mismo lugar, sea consciente de que lo suyo, aunque sea doloroso, no es algo único, ni es el primero ni será el último de nosotros que ha pasado por ahí. De ahí surge nuestro recurrente «respirar, pedir ayuda, no estamos solos». Se pretende construir comunidad, ser consuelo y enseñar a que uno se conozca mejor, a partes iguales. Ser misericordia.

Pero ¿qué significa realmente trascender el yo? ¿Cómo puede el yo, que solo se conoce a sí mismo, lograr trascenderse? ¿Cómo sabemos que hay algo más allá del yo cuando únicamente conocemos aquello que experimentamos a través del yo? ¿Cómo sabemos que lo que pensamos que es trascender el yo no es otra ilusión del yo? Seguramente lo sea, no nos engañemos, por lo menos no nos engañemos ahora, cuando aún estamos en el camino del yo y vamos bien encaminados. Intentemos no perdernos tan pronto.

Transcendere: rebasar subiendo. Confío en que las siguientes reflexiones nos ayuden a darnos cuenta de que aparentemente hay algo más allá del yo, aunque no seamos capaces de explicarlo, de comprenderlo, ni tan siquiera de mostrarlo hipotéticamente. Lo que de verdad haya o no haya solo podrá ser descubierto y experimentado desde la intimidad de cada cual.

Comenzamos con unas realizaciones[2] de lo que significa y de lo que no significa trascender el yo.

---

2   En otras partes las hemos denominado «hipótesis», «reflexiones», «apreciaciones»…, pero quizá sea este un buen momento para explicar a qué he llamado de forma habitual «realizaciones». Estos textos están escritos a partir de la acumulación de cientos de esas que he denominado, con mayor o menor fortuna, «realizaciones» desordenadas a las que se ha intentado dar un cierto orden para que la mente del lector pueda seguirlas con una relativa, aunque no demasiada, comodidad. Se trata de pensamientos que espontáneamente han surgido en mi mente. Algunos lo han hecho mientras estaba en estados meditativos, otros en sueños, pero casi todos ellos afloraron en estados disociativos de la mente. Lo que hice desde hace años es apuntar dichas «realizaciones» según surgían en mi mente. El estado de disociación era tal que en su inmensa mayoría no recuerdo haberlas ni tan siquiera escrito, ni mucho menos pensado. Creo que forman una parte esencial del libro y habrá que encontrar la manera de que estén reflejadas sin llegar a distraer al lector del objetivo del libro para que él mismo llegue a estados disociativos, llegando a generar sus propias realizaciones. Obviamente, no son haikus —ya me gustaría—, pero sí pretenden transmitir algo profundo de forma muy breve y, muchas veces, rompiendo con lo establecido, con la norma, con la estructura del yo.

Trascender el yo significa comprender la inexistencia de un yo separado.

Trascender el yo implica entender que, en realidad, no existe ese ni ningún otro yo.

Trascender el yo significa sintonizar con otros niveles de conciencia donde no existen la integridad, la identificación ni la identidad.

Trascender el yo es un acto de desidentificación con uno mismo, la disolución de la identidad propia, la finalización de la percepción de un centro propio.

Conviene aclarar que ciertos estados mentales de disociación, ya sean causados por un estrés postraumático o por la ingesta de ciertas sustancias, pueden llevar a la desidentificación de uno mismo, pero no es de esto de lo que aquí estamos hablando. El camino que estamos recorriendo solamente puede ser recorrido con una mente muy atenta, afilada, concentrada, despierta. Se trata de darse cuenta de todo lo que ocurre en la mente y para eso uno no puede estar disociado, soñando, viviendo una fantasía o habiendo consumido cualquier sustancia alucinógena o estimulante. Lo iremos viendo más adelante. Y seguimos.

Trascender el yo es un acto de conexión y conversión con el flujo que es.

Trascender el ego es también un deseo del ego. Es el ego quien quiere trascenderse.

Odiar el ego es otra actividad del ego.

Ahora, unas reflexiones sobre el amor, que es la fuerza que trasciende el yo, para comprender mínimamente sobre qué vamos a estar hablando durante esta parte del camino.

NOTA: en varias partes de estos libros se menciona a Dios. Resulta conveniente aclarar que la palabra «Dios», tal y como aquí se utiliza, no guarda la más mínima relación con la idea que ninguno de los que leemos este libro entiende por Dios. En estos libros, significa «aquello que nunca jamás seremos capaces de comprender». No se habla de Dios como podrían hacerlo aquellos que se sienten cristianos, musulmanes o judíos, ni como ninguna otra definición o término que ningún ser humano pueda dar. Intentaremos no emplear la palabra «Dios» por respeto a aquellos que le aportan un significado íntimo y sagrado. Intentaremos emplear el término «lo incomprensible» como llevamos haciendo hasta ahora. Y pedimos disculpas por si algo de lo aquí expuesto ofende las creencias de alguien. Nunca se pretende ofender a nadie.

El conocimiento es específico a una situación en un lugar y en un momento. Es limitado. Esto también aplica al supuesto conocimiento de lo incomprensible o de la trascendencia del yo.

Aquellos que dejaron de ser ellos

Para amar a los demás conviene ser capaces de trascender sus limitaciones y las nuestras. Si enfocamos la atención en lo que nos ofende o nos daña, si no seguimos profundizando hacia la esencia de cada uno, no podremos conectar con ellos jamás.

Amar es amar incondicionalmente, trascender todo pensamiento negativo o molesto sobre el otro, viendo más allá de lo obvio, de lo evidente. Amar es ver la pureza que vive en la esencia del otro, conectar con esa pureza, volver a unir las esencias como siempre estuvieron unidas. La mente del yo cree que lo incomprensible creó un único ser vivo o una única experiencia de vida y la diseminó por todos los confines de los diferentes universos para llevar su luz eterna a todos los rincones que había creado previamente con el propósito de que germinara, a través de ellas, la semilla de la vida y de la verdad de la conciencia total. La mente del yo cree que, cegados por nuestra existencia humana, encarcelados en la sustancia, aislados por la materia donde la mente vive esta experiencia de vida, centrados en nuestra composición orgánica, ajenos a toda espiritualidad, hemos olvidado nuestro origen común y hemos perdido la capacidad de reconocernos unos a otros como lo mismo, como Uno, como Uno con lo incomprensible.

Esto explicaría que, siendo consecuentes con ese desafecto y ese sentimiento de no pertenencia, tratemos al otro como un otro, en vez de sentirlo como a uno mismo. Esa, posiblemente, es nuestra pena, nuestra desgracia y el origen de nuestro vacío espiritual. La pena, la desgracia y el vacío espiritual del yo. Pero la mente también cree que podemos trascender, trascendernos y volver a ser Uno, Uno con lo incomprensible y Uno en lo incomprensible. De la misma manera que cree que trascender el yo tendrá como consecuencia directa una sensación de felicidad plena.

Recordamos, no obstante, que cualquier deseo no deja de ser más que un deseo de la mente del yo. Querer trascender, ya lo hemos dicho, es un deseo del yo. Por eso, es muy probable que todo lo dicho en los párrafos anteriores nos sean más que fantasías de una mente dañada y que busca un refugio en el más allá. Los siguientes capítulos de esta colección intentan ayudarnos a discernir entre cuándo un pensamiento es pura fantasía, un deseo del yo, y cuándo es real, cierto, verdadero. Esa es la idea por la que se crea esta serie de libros, ayudarnos a discernir cuándo algo es cierto o cuándo es fruto de la poderosa imaginación de la mente del yo. Esta quizá sea la parte más complicada del camino. Discernir entre cuando algo es real o es fruto del pensamiento.

En caso de duda: respirar, pedir ayuda, no estamos solos.

A continuación, ofrecemos un «manual» para aquellos que quieren ser felices. Seguramente defraudará a muchos.

¿Manual para ser feliz?

El manual perfecto para ser feliz sería, si alguien lo escribiera, un libro en blanco del camino, sin nada escrito, sin palabras, sin título ni portada ni contraportada, incluso sin páginas. Conciencia de desapego total y continuo de todo y de todos, la falta de recuerdos, la sustitución de la autoconciencia por conciencia total, la trascendencia del yo, de todo y de todos para siempre; eso, posiblemente, sea la felicidad. Y, en apariencia, solo seremos capaces de trascender de esa manera cuando invoquemos a lo incomprensible, deseemos solo lo incomprensible y lo incomprensible responda. ¡Que lo incomprensible responda! Y, recordemos, no estamos hablando de religión ni de ningún Dios citado en ninguna parte.

Aquí se da a entender que, de alguna manera, para realizar ese estado de plenitud uno requiere de algo externo, es decir, de lo incomprensible. Decimos que la plena conciencia, la trascendencia del yo, solo puede realizarse cuando recibe el don de trascender, la iluminación de algo superior a nosotros, como puede ser, por ejemplo, el Espíritu Santo cristiano. Es posible que sea así, pero también es posible que no lo sea. Quizá el Espíritu Santo nos acompañe durante todo el camino, quizá lo haga a partir de un momento, y no antes, quizá en determinados momentos, pero no siempre, o quizá nunca. Fuera como fuere, a nosotros nos toca recorrer el camino. Nos toca hacer lo que nos toca hacer. Estamos abiertos a cualquier ayuda; de hecho, pedimos ayuda cuando lo necesitamos. No nos negamos a nada. Aceptamos la duda hasta que esta se convierte en certeza. Estamos, además, con la mente y el corazón abiertos dispuestos a recibir lo que necesitemos para recorrer el camino. Y mostramos verdadera gratitud cuando percibimos que estamos siendo ayudados, socorridos. No sabemos exactamente a quién o a qué deberíamos darle las gracias por el amor, pero no por ello dejamos de ser tremendamente agradecidos. No negamos nada, pero sí estamos despiertos para distinguir si lo que la mente del yo piensa es real o es fantasía.

Algunas realizaciones más sobre la trascendencia del yo.

Cuanto más deseamos salir de nosotros mismos o queremos negarnos, más nos aferramos a nosotros mismos y más nos reafirmamos. El deseo de trascender impide la verdadera trascendencia.

La pelea con nosotros mismos nos impide trascender.

Trascendemos cuando nos observamos sin juzgarnos. A través de la observación pura conseguimos amarnos incondicionalmente, amar el cosmos y desvelar que el camino y nosotros, nosotros y el camino, somos Uno, somos lo mismo.

Trascendemos cuando nos amamos incondicionalmente.

Una de las ideas que más nos ata al yo es la idea del tiempo, que ya mencionamos al principio de este libro. Vamos a intentar profundizar un poco más en esa idea, ya que ser capaces de trascender el concepto del tiempo facilitará a su vez trascender el yo. Lo siguiente, lógicamente, no está avalado por la física ni pretende ser física teórica. Son simples reflexiones que, al igual que en ocasiones anteriores, se emplean con fines ilustrativos con el fin de ayudarnos a comprender mejor el camino que estamos transitando. No deja de ser un cuento más. Probemos a leerlo con una cierta perspectiva.

El tiempo en una pompa de jabón

La percepción del tiempo tal y como lo conocemos puede transcurrir a distinta velocidad. Todo el tiempo puede condensarse en una fracción de segundo, incluso en menos. El tiempo es una dimensión espacial y nuestro nivel de conciencia actual es el que nos hace viajar por el tiempo a una velocidad u otra.

Seguramente, el tiempo no se mueva. Es posible que sea la conciencia la que viaja a través del tiempo. En ese sentido, la mente del yo piensa que según el grado de evolución de la conciencia tendremos la sensación de que el tiempo dura más o menos. En apariencia, una conciencia última o hiperprofunda puede ver todo el tiempo de un único vistazo, como el que ve todo lo que hay en una habitación en un instante. Una conciencia más superficial apenas puede darse cuenta de nada. Es decir, lo que es será más o menos complejo, pero la mente del yo se dará cuenta de su mayor o menor riqueza según el grado de conciencia que haya desarrollado.

El camino a través de la dimensión temporal parece ser muy corto, pero dependiendo del grado de meticulosidad con el que miremos, del grado de conciencia, este mismo tiempo nos va a parecer a cada uno más o menos largo. Como humanos, vemos el camino desde un estado de conciencia humana que hace que parezca que el tiempo dura lo que percibimos que dura. Y como todos con los que nos relacionamos tenemos el mismo grado de desarrollo de conciencia, todos parecemos estar de acuerdo. Esto podría ser un error común, una fantasía generalizada, una alucinación compartida. O quizá sea exactamente así. Cada uno desde su camino irá obteniendo respuestas a estas preguntas.

Desde el nivel actual de conciencia solo podemos relacionarnos con niveles de conciencia similares a este.

La mente del yo cree que cuando trascendamos, si eso es posible, podremos comprender que lo que percibimos como otros son en realidad reflejos simples de nosotros mismos y también que el tiempo no se mueve. Que es la conciencia la que de alguna manera se mueve por el tiempo, como en esas películas en las que el tiempo se detiene por completo o va mucho más despacio que el protagonista.

Aparentemente, el tiempo está completamente quieto. Todo se creó en un instante y ahora somos una única conciencia explorando, como el que explora un museo, todo lo que fue creado en aquel único instante. Es posible que tengamos un error de percepción que nos lleve a creernos que somos lo que vemos a través de nuestro estado de conciencia actual. La mente cree que estamos tan inmersos en este estado de conciencia del yo que no somos capaces de ver más allá.

Es como si, en un momento dado, se hubiera creado una pompa de jabón y durante la creación de la solución jabonosa, previa a la formación de la pompa, se hubiera dotado a cada partícula que forma parte de esa solución jabonosa original de unas características específicas. Algunas partículas tendrían, quizá, la capacidad de desarrollar un nivel de conciencia diferente del resto. Una vez que se empieza a formar la pompa, al ir creciendo, las partículas van expandiéndose por el cosmos y en esa expansión algunas también siguen creciendo, desarrollándose y transformándose. Algunas van adquiriendo conciencia de lo que acontece en su entorno más inmediato y, en su tiempo más cercano, otras tienen la capacidad de darse cuenta de lo que ocurre fuera de ellas y a mayor distancia. La idea que se intenta transmitir es que el inevitable crecimiento o transformación que aquí se menciona es un proceso que será percibido como más o menos rápido en función del nivel de conciencia de cada cual. El camino al que hacemos referencia en *Fidedignum* intenta observar los misterios del camino mientras caminamos.

En función de lo anterior, podemos decir que cada partícula percibe el tiempo en el que transcurre su existencia a una velocidad diferente. Que dicha sensación de velocidad dependerá de su cercanía o lejanía al punto central del que emanaron, es decir, según la distancia a la que se encuentren de la fuente, del nivel de conciencia total. Según lo que aquí se dice, la pompa se creó y estalló en una fracción de segundo, pero las partículas que conforman la pompa están percibiendo el tiempo de forma diferente, ya sea a mayor o menor velocidad.

La mente del yo cree que el tiempo es solo una dimensión más y que, además, está fija. Y que es el paso de las partículas —que probablemente sean ondas, y no partículas— a través de la dimensión tiempo lo que les hace percibir el paso del tiempo. Pero que, en realidad, son las partículas de la sopa primigenia las que están pasando a través de ese tiempo estático.

Nunc stans, eterno presente. Como partículas, solo podemos hacer lo que nuestra naturaleza y nuestro nivel de conciencia actual nos permite hacer, ese sería el estado del yo. Pero como energía vibratoria única, conciencia del no-yo, aparentemente podemos trascender el estado de conciencia del yo actual y experimentar el eterno ahora y la unidad de conciencia.

Despedirse con amor del yo

Como ya vimos, el ego se forma de pensamientos, de conceptos verbales y de las reacciones emocionales que se producen. Según se va debilitando el ego, empiezan a aparecer recuerdos inconscientes olvidados o reprimidos.

Estar presentes significa que ahora observamos sin juzgar todos esos recuerdos que van aflorando. Al hacerlo, el individuo se enfrenta en este instante a la sombra, a los recuerdos guardados en el inconsciente. Se van desvelando los sucesos traumáticos vividos por la mente tanto en la infancia como después, todas las fijaciones y las represiones, tanto las propias como las de toda la humanidad.

Es una revisión en vida de la propia vida y de la historia de la humanidad.

Desde el punto de vista del ego, egos y esencias coinciden en esta dimensión espacio temporal. Para comprenderlo, ya lo hemos dicho, ayuda no juzgar, mirar con amor y atender con compasión, porque surgirán todo tipo de pensamientos y recuerdos dolorosos, traumáticos y que perfectamente podrían hacernos sentir avergonzados, humillados, asustados y derrotados. Pero, si podemos, conviene intentar seguir mirando, aceptándolo todo con amor y con compasión. Si hacemos lo contrario, si juzgamos lo recordado como malo, traumático, dañino o lo que sea, el ego se sentirá agredido, humillado, en peligro y asustado, y volverá a intentar recuperar el control, cerrando todas las puertas de acceso al recuerdo inconsciente. Para intentar evitar que el ego se cierre es bueno esperar, escuchar y ganarse su confianza y ayudarle a comprender que no va a morir, sino que, de alguna manera, va a evolucionar, va a transformarse en algo diferente. Que su naturaleza, como la de cualquier cosa, es transformarse y no tiene nada que temer. Que confíe, que se deje hacer, que ceda el control. Que suelte, que se desapegue, porque lo que llega es bueno y el cambio es natural, necesario y, seguramente, imparable.

La trascendencia requiere desprenderse del yo, dar la totalidad de lo que somos, y, evidentemente, nadie está dispuesto a dar todo lo que tiene, todo lo que es.

Hay que ayudar al yo a despedirse de sí mismo, permitirle recordarse con amor y demostrarle nuestra gratitud por haber querido siempre lo que creía que era mejor para nosotros, agradecerle que haya cuidado de nosotros, que haya puesto tanto interés y tanto amor en cuidarnos y protegernos y dejarle descansar en paz. Se ha ganado el descanso eterno y ahora viene otro «ser» a continuar con esta transformación.

Muchas veces ya no sabemos si es el yo el que no quiere separarse de la mente o es al revés. Es como una relación tóxica en la que ni el uno ni la otra pueden dejarse. Recordamos el chicle y la muela. Al igual que el niño abusado justifica en demasiadas ocasiones a su abusador, parece que la mente también justifica al yo. Y es que, de la misma manera que puedes ser abusado a nivel físico, puedes también ser objeto de abusos a nivel mental, y quién sabe si también a nivel espiritual.

El abuso del yo ha de detenerse, ha de terminar.

La conciencia de la mente del no-yo puede terminar con el abuso de la conciencia del yo. Y esto solo puede ocurrir a nivel personal. Todo esto plantea algunas preguntas que cada uno contestará desde su nivel de conciencia actual: ¿puede el no-yo sentir compasión por el yo? ¿Es el no-yo tan siquiera consciente de la existencia del yo? ¿En la dimensión del no-yo existe conciencia del yo?

Conviene recordar en este capítulo —que es también una introducción al no-yo, que trataremos en el capítulo siguiente— que, para que haya un fin, una meta, tiene que haber un principio, un inicio. Hemos visto que el yo se percibe a sí mismo, erróneamente, como el principio del que surge la vida. Hemos visto también que trascender el yo forma parte de un camino que no tiene principio ni final, un camino no lineal de simple transformación.

Trascender: experiencia transegoica. Nos expandimos hasta formar parte de Todo.

Al trascender el yo, uno se vuelve capaz de sentir ternura por todo y por todos.

Trascender el yo implica ser capaz de reírnos de lo absurdo que es.

Cuando el yo habla de trascender, realmente está hablando de crecer, y no de desvanecerse.

El cambio que la sociedad necesita urgentemente solo puede venir del cambio que la mente del yo necesita: la trascendencia del yo.

Cualquier cambio que no nos lleve a trascender el yo será únicamente otro parche para seguir sufriendo las consecuencias del yo, como individuos y como sociedad.

Mientras la pregunta sea «¿qué hay en esto para mí?» en vez de «¿cómo afecta esto a la humanidad?», seguiremos cayendo en barrena.

2. El no-yo

Es posible que hablar del no-yo, estando como estamos aún en el camino del yo, sea un sin-sentido, una pretensión vana de alcanzar un estado de imaginaria tranquilidad, de una supuesta paz, de un ansiado bienestar, de felicidad plena. En este momento, quizá lo máximo a lo que podemos aspirar sea a hablar con la propia mente del yo o con otras mentes del yo y ver si quizá, por alguna casualidad de la vida o por un capricho de lo incomprensible, en esa conversación el yo se descubra con alguna realización de lo que es el no-yo. No perdemos nada por intentarlo, al fin y al cabo, alguien observó que un reloj parado da la hora exacta dos veces al día. Démosle una oportunidad a nuestro yo y pregunté-mosle por el no-yo. ¿Quién sabe? Quizá nos descubra algo.

Antes, quizá valga la pena hacer una precisión, por si este aspecto no quedó claro: el no-yo no es opuesto al yo. Todos estamos acostumbrados, yo mismo me incluyo, a pensar por pares de opuestos, desde el blanco y el negro, la sabiduría y la ignorancia, hasta el bien y el mal, desde la alegría y la triste-za hasta la libertad y la esclavitud, y un largo etcéte-ra. Por eso, quizá lo más complejo de entender de lo que se pretende mostrar es que al yo no se opone el no-yo. Un yo por oposición o un anti-yo requiere de la existencia de un yo previo, simultáneo o incluso posterior. El no-yo es un estado donde no hay ningún tipo de yo, eso es cierto, pero es un lugar donde hay muchas otras cosas que son tremendamente complejas de comprender, por no decir incomprensibles, desde el ego. Decir que el yo se opone al no-yo es tanto como decir que el hombre se opone a un Dios o el alma a un cuerpo. En el estado de no-yo que se pretende describir no existe dualidad ni oposición. El no-yo es un estado de kénosis —de vaciamiento de la propia voluntad—, pero nunca en oposición a nada. Es, de alguna manera, un saber apofántico, en el que se renuncia a saber lo que es [Dios], pero, al menos, se sabe lo que no es. En fin, decir qué es lo que no es yo no significa que sea lo opuesto al yo. Y seguimos, en la misma dirección.

Unas realizaciones previas antes de comenzar con la conversación.

Abordar el no-yo no consiste en saltar desde el barco del yo al barco del no-yo como si fuéramos temibles piratas. Abordar el no-yo consiste en darse cuenta de que el barco que vemos solo existe en la mente del yo y no hay nada que abordar. Simplemente, hay que permanecer atento a los vaivenes del yo, y cuando el yo se disipe, el no-yo aparecerá como de la nada, *ex nihilo*.

Durante una experiencia de no-yo, el yo, seguramente, no se está enterando de nada.

Ejercicio de conversaciones con uno mismo

Vamos ahora con un diálogo interno. Es un ejercicio que puede resultar interesante y que puede ser útil a la hora de comprender dónde está la mente del yo de cada uno de nosotros en este momento. El ejercicio consiste en lanzar preguntas al aire a las que, se supone, es la superconciencia o alguien, de alguna manera, ajeno a uno mismo quien responde. Seguramente eso no sea exactamente así. Este ejercicio no tiene ninguna validez científica ni prueba nada, pero sí puede ser revelador, como hemos dicho, para alcanzar una mayor comprensión del estado actual de conciencia de la mente del yo.

Al lanzar preguntas al aire se entra en ocasiones en un estado similar al de la hipnosis. En ese estadio, la mente se siente más libre a la hora de responder, se siente menos condicionada y menos juzgada, y las respuestas que obtenemos son más espontáneas que cuando decidimos, por ejemplo, poner nuestros pensamientos actuales por escrito. Las respuestas obtenidas, como veremos, no tienen demasiada relevancia, no hay que prestarles tampoco demasiada atención, pero, como hemos dicho, nos servirán para conocernos mejor durante el camino.

Vamos con el ejercicio, en forma de diálogo.

—Si no hay nada más que lo que hay ahora, ¿eso significa que cuando me muera dejaré de existir?

—Correcto.

—¿Y no hay vida después de la muerte?

—No hay una vida como esta que estás viviendo.

—¿Y qué hay después de la muerte?

—Hay vida, pero de otra forma, una que ahora no podemos comprender.

—¿Y esa vida es mejor que esta?

—Es igual de perfecta, no es mejor, es diferente.

—¿Y en esa vida tendré un cuerpo?

—Sí, si eso es lo que quieres. Si no, no.

—¿Y podré ver a mis hijos cuando yo me muera?

—Tú ya eres tus hijos. Vivirás este tipo de vida a través de ellos.

—¿Existe el infierno?

—Existe para quien se lo imagina.

—¿Existe el cielo?

—Existe para quien se lo imagina.

—¿Existe Dios?

—Sí.

—¿Cómo es Dios?

—Mira a tu alrededor. Todo lo que ves es Dios.

—¿Cómo puedo unirme a Dios?

—Ya estás unido a Dios. De hecho, eres Dios.

—Pero si yo fuera Dios, podría crear lo que quisiera, y yo no puedo hacer eso.

—Eres Dios y la creación, lo creado y el creador. En este momento solo te percibes como lo creado, pero sigues siendo la creación y el creador.

—¿Y por qué no me acuerdo de que soy Dios?

—Porque no quieres.

—Pero yo quiero acordarme de que soy Dios.

—Hazlo, acuérdate.

—Si fuera Dios, no permitiría que hubiera guerras.

—Eres Dios y eres la guerra también.

—¿Entonces Dios es malo?

—Dios es todo. Bueno o malo depende de una idea de la mente.

—¿Y por qué nos dio Dios la mente?

—Para usarla y trascenderla.

—¿Y por qué no nos hizo Dios directamente ángeles?

—Porque entonces no comprenderías lo que significa ser un ángel.

—¿Y por qué Dios no se presenta ante mí y me habla directamente y se muestra como Dios?

—Ya lo está haciendo, cada día a cada instante. Lo que tú llamas vida no es otra cosa que Dios.

—¿Y dónde está el cielo?

—Donde tú quieras que esté.

—¿El cielo es otro planeta u otra dimensión?

—Si te lo imaginas así, así es.

—¿Qué ocurre cuando te mueres?

—Que te mueres.

—¿Pero tu alma va a otra parte?

—No.

—Entonces, ¿el alma desaparece?

—No.

—¿Tenemos alma?

—Sí, si quieres tenerla.

—¿Y qué pasa si no tengo alma?

—No pasa nada.

—¿Hay gente con alma y gente sin alma?

—Sí.

—¿Y qué les diferencia?

—El hecho de tener o no tener alma.

—¿Se puede elegir tener alma?

—Sí.

—¿Los que no tienen alma también van al cielo?

—Sí, si ellos quieren.

—¿Y al infierno?

—También, si eso es lo que quieren.

—Yo quiero que me toque la lotería.

—De acuerdo.

—¿Me va a tocar la lotería solo porque yo lo quiera?

—No.

—Pero si soy Dios, ¿no puedo hacer que me toque la lotería?

—No.

—¿Por qué no?

—Porque eso no es lo que quieres como Dios. Eso es lo que quieres como ser humano.

—¿Pero no hemos dicho que yo soy Dios?

—Sí.

—Entonces..., no lo entiendo.

—Pregunta.

—Si soy Dios, debería ser capaz de hacer todo lo que quisiera.

—Y puedes hacerlo.

—¿Pero no puedo hacer que me toque la lotería?

—Como humano que eres, no puedes.

—¿Entonces de qué me sirve ser Dios?

—De nada y de todo. Eres tú el que sirve a Dios. Dios se sirve de ti para ser Dios. Y tú y Dios sois uno.

—Quiero morirme y ser Dios.

—Ya eres Dios.

—Quiero morirme y dejar de tener cuerpo y ser un ángel.

—No sabes si eso va a ocurrir así.

—Pero si soy Dios, ¿no puedo ser un ángel cuando me muera?

—Sí, puedes ser lo que quieras, puesto que eres Dios.

—No creo en Dios.

—Está bien.

—¿Me voy a condenar si no creo en Dios?

—No.

—¿Entonces de qué sirve creer en Dios?

—De nada y de todo.

—No lo entiendo.

—Pregunta.

—¿Da igual creer que no creer?

—Depende de para qué.

—Para salvarse e ir al cielo.

—Da igual, puesto que seguirás siendo Dios.

—Entonces, ¿da igual asesinar a alguien porque voy a seguir siendo Dios?

—Así es.

—Entonces, ¿de qué me vale ser bueno y no robar?

—A ti, de nada. A Dios le sirve para que haya personas que son buenas y no roban.

—¿Dios quiere a los malos?

—Dios quiere a todo el mundo.

—¿Quiere más a los buenos que a los malos?

—No. Quiere a todos por igual.

—Pero eso es injusto.

—Injusto es no querer a todos por igual.

—Pues me parece fatal.

—Vale.

—No me parece bien.

—Está bien.

—No lo entiendo.

—Lo sé.

—¿Y no va a hacer nada Dios para evitar que los malos se salgan con la suya?

—Sí, ya te ha hecho a ti para eso.

—Pero eso debería arreglarlo Dios, y no pedírmelo a mí.

—Recuerda que tú eres Dios.

—Y si Dios ha creado todo, ¿para qué ha creado el mal?

—Para que exista.

—¿Y por qué quiere que exista el mal?

—Porque quiere.

—Entonces, no es un Dios bueno.

—Esa es tu percepción como ser humano.

—Pero yo, además de ser humano, soy Dios, ¿no?

—Sí.

—Y no me parece bien que Dios permita el mal.

—Entiendo.

—Entonces, como Dios que soy, quiero acabar con el mal.

—De acuerdo.

—¿Y por qué sigue existiendo el mal si yo, que soy Dios, quiero que se acabe?

—Porque tú, como Dios, en realidad, quieres que exista.

—Pues no lo entiendo.

—Lo sé.

—¿Y puedo hacer algo para tener superpoderes?

—No.

—¿Puedo levitar o volar o mover objetos con la mente o viajar en el tiempo?

—No.

—Pues vaya mierda de Dios que soy.

—Ja, ja, ja.

—¿Te hace gracia?

—Sí.

—¿Por qué te hace gracia?

—Porque es gracioso.

—¿Qué tiene de gracioso?

—Todo.

—No lo entiendo.

—Lo sé.

—¿Te ríes de mí?

—Sí y no.

—No quiero que te rías de mí.

—Lo sé.

—¿Y por qué lo haces?

—Porque quiero.

—Me haces sentir mal.

—Como tú te sientas solo depende de ti.

—Pero si te ríes de mí, me siento mal.

—Porque quieres.

—No, porque te ríes de mí.

—Lo sé.

—Entonces, no te rías de mí.

—Cada uno hace lo que quiere.

—Pero yo no quiero que te rías de mí.

—No lo hago.

—Pero lo has hecho.

—Sí.

—Y me ha molestado.

—Sí.

—¿Y por qué lo has hecho si sabías que me iba a molestar?

—No lo sabía.

—¿Pero no lo sabes todo?

—No.

—¿Y quién eres?

—Soy tú.

—¿Yo?

—Sí, tú.

—Pues no me pareces yo.

—Lo sé.

—¿Puedes demostrarme que eres yo?

—No.

—Entonces, ¿por qué te iba a creer?

—Porque me crees.

—¿Y si no quiero creerte?

—No me creas.

—No me caes bien.

—Lo sé.

—Me caes fatal.

—Lo sé.

—¿Por qué eres así?

—Porque tú me has creado así.

—Pero yo no recuerdo haberte creado.

—Lo sé.

—¿Cuándo te creé?

—Siempre.

—¿Cómo que siempre?

—Siempre me has creado.

—¿Pero te crearía en algún momento concreto?

—No.

—¿Existes desde siempre?

—Sí.

—Entonces, si tú eres yo, ¿yo también existo desde siempre?

—Sí.

—Pues no me acuerdo de nada.

—Lo sé.

—¿Y por qué no me acuerdo de nada?

—Porque no te acuerdas.

—¿Pero no debería acordarme de algo?

—No.

—Pues no te creo.

—Lo sé.

—Pero entonces, si tú no eres yo, ¿quién eres?

—Soy tú, ya te lo he dicho.

—Estoy cansado de todo esto.

—Lo sé.

—¿Puedes ayudarme?

—Puedo ayudarte en lo que puedo ayudarte.

—¿Y en que puedes ayudarme?

—En lo que puedo ayudarte.

—¿Por ejemplo?

—Pregunta.

—¿Puedes ayudarme a ser más feliz?

—Sí.

—¿Cómo?

—Ayudándote.

—Ya, ¿pero cómo lo haces?

—Lo hago.

—Explícame cómo.

—No podrías entenderlo.

—Inténtalo.

—No podrías entenderlo.

—Pero como Dios que soy, puedo entenderlo todo, ¿no?

—Sí.

—Entonces, ¿por qué no podría entender cómo me vas a ayudar a ser más feliz?

—Porque, como ser humano que eres, no puedes entenderlo.

—¿Y puedo ser más feliz sin entender cómo?

—Sí.

—¿Y qué tengo que hacer?

—Pedírmelo.

—Pues te lo pido.

—Concedido, ja, ja, ja.

—¿Te ríes otra vez?

—Sí.

—¿De mí?

—Sí.

—Eres un pesado.

—Vale.

—¿No te importa que te insulte?

—No.

—¿Te da igual?

—Sí y no.

—¿En qué no te da igual?

—No me da igual si a ti no te da igual.

—Y si a mí me da igual insultarte, ¿a ti no te molesta?

—Así es.

—¡Qué raro eres!

—Ja, ja, ja.

—Ya estás con las risitas.

—Sí.

—¿Te diviertes conmigo?

—Sí.

—¿Te parezco divertido?

—Sí.

—¿Me quieres?

—Sí.

—¿Cuánto?

—Mucho.

—Yo pensaba que o se quería o no se quería, pero que no se podía querer mucho o poco.

—Sí.

—¿Entonces se puede querer mucho o poco?

—Puedes querer lo que quieras.

—Creo que no tienes ni idea de nada.

—Es verdad.

—¿Es verdad que no tienes ni idea de nada?

—Sí.

—¿Entonces todo lo que me has dicho es mentira?

—Sí y no.

—¿Es o no es mentira?

—Lo es y no lo es.

—¿De qué depende?

—De ti.

—Pero la verdad es la que es.

—Bueno...

—¿Es cierto o no es cierto?

—Sí.

—Pues si la verdad es la que es, ¿cómo va a depender de mí que lo que tú has dicho sea verdad o mentira?

—Porque depende de ti.

—No lo entiendo.

—Lo sé.

—¿Me lo puedes explicar?

—Sí.

—Explícamelo.

—Pregunta.

—Ya te lo he preguntado.

—Ya te he contestado.

—Pero no te he entendido.

—Lo sé.

—Pues explícamelo.

—Pregunta.

—¿Otra vez?

—Sí.

—¿Que por qué depende de mí que algo sea verdad o mentira?

—Porque todo es verdad y es mentira.

—Pero eso no puede ser.

—Sin embargo, es así.

—¿Cómo va a ser todo verdad y mentira a la vez?

—Así es.

—Dos más dos son cuatro, ¿no?

—Sí.

—Entonces, ¿dos más dos son cinco?

—No.

—Entonces es mentira que dos más dos son cinco y, por tanto, no puede ser verdad que ese sea el resultado de la suma.

—Así es.

—Pues ahí tienes un caso en que algo es verdad y no puede ser mentira a la vez.

—De acuerdo.

—¿Pero no acabas de decir que todo es verdad y es mentira?

—Sí.

—Te estás contradiciendo.

—No.

—¿Me lo puedes explicar?

—No.

—Inténtalo, por favor.

—Como ser humano, sabes contar objetos, por eso dos más dos solo puede sumar cuatro. Pero la verdad es que no existen objetos separados. Todo es uno. Por eso es mentira que dos más dos son cinco.

—Vale, creo que sé por dónde vas.

—Bien.

—Pero entonces, en nuestro mundo, ¿dos más dos siempre serán cuatro?

—Si este mundo fuera inmutable, así sería.

—¿Quieres decir que el mundo va a mutar?

—Todo muta y todo permanece.

—¡Ya empezamos!

—Ja, ja, ja.

—Ja, ja, ja. ¿Te gusta hablar conmigo?

—Sí.

—¿Te parezco tonto?

—No.

—¿Listo?

—Sí.

—Gracias.

—De nada.

—¿Sabes cuándo me voy a morir?

—No.

—¿Podrías saberlo?

—No.

—¿Querrías saberlo?

—No.

—Me gusta hablar contigo.

—Gracias.

—¿Crees que estoy loco por hablar conmigo mismo?

—Sí y no.

—Ja, ja, ja.

—Ja, ja, ja. ¿Es malo estar loco?

—Depende de ti.

—¿Crees que los demás me aceptarán si se dan cuenta de que estoy loco?

—Unos sí y otros no.

—¿Debería preocuparme eso?

—No.

—¿Debería preocuparme algo?

—No.

—A veces, no puedo evitar preocuparme.

—Lo sé.

—¿Puedo hacer algo para evitar preocuparme?

—Sí.

—¿Qué puedo hacer?

—No preocuparte.

—Ja, ja, ja.

—Ja, ja, ja. ¿Pero cómo lo hago?

—No preocupándote.

—¿Pero hay alguna forma mágica para dejar de preocuparse?

—Sí y no.

—¿Cuál es?

—Dejar de preocuparte.

—¿Pero qué tengo que hacer?

—Dejar de preocuparte.

—¿Meditar me ayuda?

—Pruébalo.

—¿Tú lo harías, meditarías para dejar de preocuparte?

—Sí y no.

—¿En qué caso lo harías?

—Seguiría mi intuición.

—¿Qué es la intuición?

—Yo, que soy tú.

—Entonces, ¿la intuición no es un ser superior con el que estamos conectados?

—Sí.

—¿Y ese ser superior soy yo?

—Sí.

—¿Y por qué muchas veces no me conecto con él, o sea, conmigo?

—Porque no conectas.

—¿Cómo puedo conectarme?

—Ahora estás conectando.

—¿Mañana podré volver a conectar?

—Sí y no.

—¿De qué depende?

—De ti.

—¿Qué puedo hacer para conectarme?

—Conectar.

—¿Cómo lo hago?

—No lo sé.

—En cualquier caso, me alegro de haber podido conectar en este momento.

—Yo también.

—¿Nos volveremos a ver?

—No lo sé.

—A mí me gustaría.

—Lo sé.

—¿A ti te gustaría?

—Sí y no.

—¿Por qué no?

—Porque ya estamos conectados desde el momento en el que yo soy tú y tú eres yo.

—Pero antes has dicho que quizá no volvamos a conectar.

—Así es.

—Me cuesta entenderlo.

—Lo sé.

—¿Crees que lo estoy haciendo bien?

—Sí.

—¿Qué estoy haciendo bien?

—Vivir como tú.

—¿Podría hacerlo mejor?

—Sí y no.

—¿Lo que he hecho estuvo bien?

—Sí y no.

—¿Podía haberlo hecho mejor?

—Sí y no.

—¿Estás contento conmigo?

—Sí y no.

—¿Debería preocuparme por lo que he hecho mal?

—No.

—¿Tendrá consecuencias?

—Sí.

—¿He perjudicado a otras personas?

—Sí y no.

—Lo siento, siento haber perjudicado a otras personas.

—Lo sé.

—¿Me perdonarán?

—Sí y no.

—¿Debo sentirme mal por haber perjudicado a otras personas?

—Sí y no.

—¿Puedo hacer algo para demostrar mi arrepentimiento?

—Arrepentirte.

—¿Puedo hacer algo más?

—Sí.

—¿Qué?

—Decírselo.

—No me atrevo.

—Lo sé.

—¿Está mal no decírselo?

—Sí y no.

—¿Me ayudarás a decírselo?

—Sí.

—Gracias.

—De nada.

—¿Crees que soy una buena persona?

—Sí.

—¿Debería sentirme culpable por las cosas que he hecho mal?

—No.

—¿Da igual portarse mal?

—Sí y no.

—Cuando me porto mal con otros, ¿en realidad me estoy portando mal conmigo mismo?

—Sí y no.

—Todo depende del nivel de conciencia con que se pregunte, ¿no?

—Sí.

—¿Lo que está mal en un nivel de conciencia puede estar bien en otro?

—Sí y no.

—¿Pero hay distintos niveles de conciencia?

—Sí y no.

—Desde mi nivel de conciencia actual, ¿es correcto pensar que hay varios niveles de conciencia?

—Sí.

—¿Pero la realidad es que solo existe una conciencia única?

—Sí y no.

—¿Algún día llegaré a entenderlo?

—Sí y no.

—¿Todo es sí y no?

—Sí y no.

—Ja, ja, ja.

—Ja, ja, ja. Pues muchas gracias, me despido por hoy.

—De acuerdo.

—Hasta pronto.

—Así sea.

Realizaciones

En este momento de existencia solo somos capaces de distinguir entre el ego y el no-ego.

Hay conciencia del yo y conciencia del no-yo.

En el no-yo no hay miedo, porque no hay nada que conservar ni que proteger ni que perder.

Normalmente, somos un conjunto de yoes con conciencia de yo.

¿Nuestro comportamiento inspira o busca intimidar? Si inspira, es el no-yo; si busca intimidar, es el yo.

La idea de que no somos Jesús, de que no somos Buda, es del yo. En el no-yo no hay Jesús, Buda ni yo como entidades distintas.

El concepto del yo y del no-yo puede ser mejor comprendido desde la perspectiva del zen. Es recomendable la lectura de sus maestros.

El *San Do Kai* podría definirse, desde la cultura occidental, como el momento en el que las diferencias reconocen la esencia, la esencia reconoce las diferencias y unas y otra se unen sin dejar de ser quienes son. El zen reconoce el *San Do Kai*, lo honra como es y lo comprende.

SAN →	diferencia →	orden
DO →	esencia →	intimidad
KAI →	fusión →	mezcla

El yo y el no-yo se fusionan, pero siguen existiendo, en ciertos niveles de conciencia, como yo y como no-yo.

Lo que tú eres no es lo que yo soy, y así está bien. Aunque tú y yo en esencia seamos lo mismo y haya fusión.

3. Autoconocimiento I

El conocimiento de uno mismo es un proceso
solitario que ahonda en la soledad.

El conocimiento de uno mismo es la ventana al conocimiento de lo que hay más allá de lo que la mente del yo cree que es uno mismo. Como ya hemos visto, si uno no se conoce a sí mismo es muy difícil que comprenda qué es lo que está ocurriendo. Permanecer ignorantes de la propia esencia nos lleva de manera irremediable a ser ignorantes de todo lo que es. El conocimiento de uno mismo es un camino solitario, pero que puede ser recorrido en compañía durante parte del mismo.

Somos conscientes de la extensión de este capítulo, que hemos separado en dos, pero a estas alturas del relato también puede entenderse que el conocimiento de uno mismo, con toda su constelación de matices, es ineludible para continuar en el intento de radiografiar el yo, la mente del yo y su relación con la otredad y el no-yo y la totalidad... Se aborda entonces la esencia del autoconocimiento, observando al yo sin juicios previos en su enfrentamiento con los miedos y el vacío, se explora la naturaleza del yo como una acumulación de recuerdos y condicionamientos que nos separan del presente y de nuestra verdadera magnitud, pero también se encadena con el camino, la quietud, el deseo, el concepto de eternidad, el de liberación o la importancia del silencio, además de enhebrarlo con el concepto de lo incomprensible como modo de sustituir la palabra y el concepto asociado a Dios en las tradiciones monoteístas, o de relacionar yo con hedonismo y narcisismo como dos manifestaciones extremas del ego.

Para empezar, digamos que, a medida que profundizamos en el conocimiento propio, notamos cómo, en ocasiones, vamos encajando menos en la sociedad.

Anotamos a continuación algunas ideas previas a modo de síntesis.

El yo es la acumulación de experiencias en forma de recuerdos. El yo es la memoria de lo que ya no existe. Es la cadena que nos ata al pasado, la prisión imaginaria que nos encierra. La mente del yo será verdaderamente libre cuando trascienda el yo y sea capaz de prestar atención plena al momento presente, permaneciendo libre de todo condicionamiento y recuerdo, sin juzgar nada de lo que experimenta, viviendo únicamente la experiencia tal y como es.

Seguir algo, sea un método, una terapia, una práctica, una religión, una ideología... o a alguien, da igual que se trate de un maestro, un terapeuta, un salvador, un ideólogo, un gurú..., nos aleja del conocimiento de nosotros mismos. Recordando las palabras de Krishnamurti: «Seguir un sistema produce un resultado de acuerdo con ese sistema». A ello podemos añadir que cualquier metodología produce un resultado de acuerdo con dicha metodología, pero no nos lleva a conocernos realmente a nosotros mismos, porque conocerse por completo significa no seguir ningún patrón. Cuando seguimos un patrón, nos convertimos en el patrón.

Además: la comprensión del otro no es otra cosa que la comprensión de uno mismo. El culto a otro es confundido con el amor, y no es lo mismo. El culto a otro o a algo nos separa cada vez más del conocimiento de nosotros mismos, nos esclaviza y, por tanto, nos aleja de la libertad. Conocerse a uno mismo significa establecer relaciones con otros y con todo lo que nos rodea, dándonos cuenta de hasta qué punto nos afecta el sesgo que produce el yo. En un momento del camino quizá podamos llegar a experimentar el aquí y el ahora sin el filtro del yo. En ese estado de «no yo» surgirá la quietud, porque en ese estado ya nada esperamos, nada se ansía, nada se echa de menos.

Introducimos en este momento de nuestro camino el concepto de «quietud», que veremos que comienza a brotar una vez que la mente alcance el estado de no-yo.

Respuestas desde la quietud

¿Querrías estar en ese lugar maravilloso en este momento? No, uno está justo donde está y donde necesita estar en este camino de transformación.

¿Querrías tener eso tan maravilloso ahora? No, uno tiene justo lo que tiene y lo que necesita tener en este camino de transformación.

¿Querrías estar con esa persona tan maravillosa en este momento? No, uno está justo con quien está y con quien necesita estar, o incluso solo, en este camino de transformación.

¿Querrías tener ese trabajo tan maravilloso ahora? No, uno tiene justo el trabajo que tiene o que no tiene y que necesita tener o no tener en este camino de transformación.

¿Querrías que algo fuera diferente? No, todo es justo como es y como necesita ser en este camino de transformación.

¿Echas algo o a alguien de menos? No, uno tiene ahora justo lo que tiene y lo que necesita tener en este camino de transformación.

¿Te gustaría ser diferente? No, uno es justo como es y como necesita ser en este camino de transformación.

¿Anhelas algo? No, todo es justo como es y como necesita ser en este camino de transformación.

¿Eres feliz? Sí, uno es justo como es y como necesita ser en este camino de transformación.

De hecho, no hay un yo que necesite, y tampoco hay un yo que sea, solamente hay conciencia de transformación, un camino por recorrer.

Podemos intentar hacer un ejercicio de liberación del condicionamiento, de la cultura, del yo. En ese sentido, se muestra a continuación, escrito en primera persona, el compromiso que en un momento del camino uno llegó a adquirir consigo mismo.

Me libero

Me libero de la necesidad de echar de menos a nadie ni a nada. Me doy permiso para no echar de menos a nadie ni a nada, salvo al camino, la esencia y lo incomprensible.

Me libero de la necesidad de estar agitado en este instante. Me doy permiso para no anhelar nada ni a nadie, salvo el camino, la esencia y lo incomprensible.

Me libero de la necesidad de recordar mi pasado. Me doy permiso para olvidarlo todo, salvo el camino, la esencia y lo incomprensible.

Me libero de la necesidad de sentirme querido. Me doy permiso para no necesitar el amor de nadie, salvo el del camino, el de la esencia y el de lo incomprensible.

Me libero de la necesidad de caerle bien a los demás. Me doy permiso para no necesitar la aprobación de nadie, salvo la del camino, la de la esencia y la de lo incomprensible.

Me libero de la necesidad de seguir a alguien o a algo. Me doy permiso para no necesitar seguir a nadie ni a nada, salvo el camino, la esencia y lo incomprensible.

Me libero de la necesidad de decir que sí cuando no quiero hacer algo. Me doy permiso para no necesitar tener que decir que sí a nadie ni a nada, salvo al camino, a la esencia y a lo incomprensible.

Me libero del miedo. Me doy permiso para vivir sin sentir miedo.

De hecho, no hay ningún «mí mismo» que liberar.

Cuando uno entra en el camino del autoconocimiento es capaz de alegrarse por uno mismo, aun a sabiendas de que no existe tal cosa como «uno mismo», y por los demás. De ese convencimiento de la mente surgen las realizaciones que exponemos acto seguido.

Tú estás donde tienes que estar para tu evolución y yo estoy donde tengo que estar para mi evolución.

Te veo feliz en ese lugar tan maravilloso y me doy cuenta de que yo también soy feliz y de que el lugar donde estoy es también maravilloso.

Te veo hacer cosas maravillosas y me doy cuenta de que lo que yo hago es igualmente maravilloso.

Te valoro a ti y a lo que eres y honro lo que haces y me doy cuenta de que también me valoro a mí y lo que soy y honro lo que hago.

De hecho, recordamos, en la mente del no-yo no hay ningún tú ni ningún yo. Pero ¿estamos ahora en la mente del no-yo? Intentemos no perder la perspectiva, pero tampoco perdamos el contacto con la realidad.

Y mientras caminamos en este tránsito solitario de autoconocimiento, cabe recordar que el amor de lo incomprensible hacia uno es infinito, pero uno solo puede recibir la misma cantidad de amor que siente hacia sí mismo. Esa es la limitación de la mente del yo.

Podemos amarnos infinitamente.

Respirar. Pedir ayuda. No estamos solos.

A continuación, unos apuntes sobre el autoconocimiento y las creencias que nos acompañarán durante buena parte del camino, hasta que dejen de hacerlo o sean sustituidas por otras.

Creencias

El hombre más creyente es, por lo general, el hombre más temeroso. Salvo que experimente el camino desde el no-yo.

A menudo, las creencias nos aportan una falsa sensación de seguridad.

Para ser libre y ver la verdad hay que despojarse de toda creencia y experimentar desde el no-yo.

En apariencia, solo seremos libres cuando nos liberemos de todo deseo de seguridad.

La ambición de «ser algo» a nivel espiritual es destructiva y nos aparta de la verdad.

Permanente y constantemente tenemos miedo. Somos la personificación del miedo. En lugar de ser amor materializado, somos miedo materializado.

El conocimiento nos impide ver la verdad.

Solo podemos llegar a lo incomprensible no sabiendo.

Querer saber, querer ser, querer entender, querer conocer... son solo expresiones de la inseguridad del ego.

Uno vive en paz, no necesita saber, no necesita conocer, no necesita entender, no necesita tener. Esa es la verdad desde el no-yo.

De hecho, no hay ningún yo. ¿Cuántas veces lo hemos dicho ya?

«¿Por qué posee?», pregunta J. Krishnamurti, y decía: «Solo en esta quietud, en esta relación donde fructifica el conocimiento propio, hay paz».

Comprensión

La mente egoica quiere ser, poseer, existir, sobrevivir. La mente del yo no se permite saltar al vacío del no-ser. La mente del yo acapara, acumula, se refuerza, se reafirma, se recrece. La mente del yo siempre adquiere más y más. La mente del yo no se relaciona altruistamente con el mundo ni con los demás, sino que los utiliza, los explota y los consume en su supuesto beneficio. La mente del yo no da, coge. La mente del yo no se permite no ser, no existir. Y, sin embargo, uno no es la mente del yo. Ni la mente del yo le pertenece a uno.

La comprensión de la propia mente del yo llevará posiblemente a su trascendencia. O quizá no. Comprender no es colonizar, conquistar, coger, someter, convencer, juzgar, etiquetar, clasificar, calificar, explicar, entender, aceptar, rechazar, acaparar, poseer, tener, apropiarse, controlar, organizar, planificar, pensar, analizar, violentar, interferir... La comprensión es un acto que no puede llevarse a cabo con la mente del yo. La comprensión es un acto del corazón, de la no-mente. La comprensión, en fin, es un acto de amor.

La comprensión de uno mismo es un acto que no puede llevarse a cabo con la mente del yo. La comprensión de uno mismo es un acto del corazón. Es, insisto, un acto de amor.

Reconocer es no ver

En el camino del conocimiento propio conviene darse cuenta de que la mente del yo casi siempre está reconociendo cosas en lugar de estar viéndolas por primera vez y en toda su verdad.

No se puede ver la verdad del pasado, ni tampoco la verdad del futuro. Solo puede verse la verdad según se presenta en este instante.

Reconocer es una actividad del yo. El yo se identifica más con la ardilla que trepa por el árbol que con el árbol. Eso es un reflejo de la actividad del yo. Mientras no se identifique con el árbol igual que con la ardilla, uno seguirá atrapado en el yo.

De hecho, identificarse, con lo que sea, incluido el árbol, es un acto del yo.

Solo existe lo nuevo. Si no vemos lo nuevo siempre, en todo momento y a cada instante, es que el yo está actuando. Cuando miramos la barandilla de casa y la reconocemos como la barandilla de nuestra casa, sabemos que es el yo el que está funcionando y que la verdad no está presente en nosotros.

En el camino del autoconocimiento, permanecer en silencio es muy revelador. Le dedicaremos un capítulo al silencio y a la quietud más adelante, pero unos apuntes más para seguir profundizando.

Permanecer en silencio

Permanecer en silencio implica conectar con lo que es, abrazarlo, comprenderlo. Podemos permanecer en silencio a cada instante. No necesitamos que haya silencio exterior, aunque a la mayoría de nosotros nos ayuda. Estamos en verdadero silencio cuando vemos lo que es sin juzgarlo, sin pensarlo, sin deseo de evitarlo ni conservarlo. Cuando estamos en silencio, contemplando lo que es, podemos ver más allá de lo que la mente del yo quiere.

Para verte tengo que no pensarte, para verme tengo que no pensarme.

A uno le resulta muy difícil relacionarse sin pensaros o sin pensarse. Uno se relaciona a través de la mente del yo. Es la mente del yo la que se relaciona con uno, con los otros y con todo, y lo hace a través de su condicionamiento. Uno se relaciona con uno mismo, con los otros y con todo a través del condicionamiento. De hecho, no existimos ni uno ni los otros de forma independiente o diferenciada, pero desde la mente del yo no podemos verlo.

No nos relacionamos desde la libertad. Nos relacionamos a través de la experiencia pasada con ánimo de acumular, de evitar, de revivir.

Uno es la mente del yo, o eso es lo que el yo cree. Por eso es tan revelador observar la mente del yo sin juzgarla, dándose cuenta de su funcionamiento; aunque la propia observación de la mente del yo, en este momento de conciencia, refuerza aún más el yo. Más adelante, quizá, la mente del yo será también observada desde el no-yo. En este momento del camino únicamente podemos ver el funcionamiento de la mente del yo desde la mente del yo. Y, aun así, ya es revelador.

El camino es el que es.

La mente del yo

La mente del yo no concibe relacionarse desde lo nuevo, desde la novedad, desde el presente. La mente del yo se aferra a la experiencia del yo y se proyecta y relaciona desde ese centro imaginado por ella misma. La mente del yo se relaciona desde el cometido de padre, de hijo, de estudiante, de maestro, de alumno, de amigo, de vecino, de profesional, de creyente, de amante, de marido, de pareja, de hombre, de adulto, de español, de piloto..., de lo que sea.

La mente del yo no se relaciona desde lo nuevo, sino que siempre se relaciona desde lo vivido anteriormente. No se permite relacionarse sin tener en cuenta antes todo lo vivido. La mente del yo continúa perpetuando lo que recuerda de lo que percibió. Está en un movimiento perpetuo, enlazando recuerdos, uniéndolos, buscando darles sentido. Intenta construir un relato cronológico y autobiográfico coherente, rellenar huecos, proyectar hacia un futuro imaginado en función de sus propios recuerdos —inventados o no—. El relato es lo más importante para la mente del yo.

La mente del yo filtra lo que ve y se queda solo con lo que le aporta coherencia a su identidad, a su relato. En consecuencia, descarta —consciente e inconscientemente— todo signo o señal de cualquier cosa que no tenga sentido para ella o que le quite sentido de coherencia a la idea que se ha creado de sí misma. La mente del yo se ha inventado un personaje, un mundo y una realidad y vive única y exclusivamente para alimentar ese personaje, para dar coherencia a ese relato.

La mente del yo no es capaz de aceptar nada que afecte negativamente al personaje que se ha inventado. Así, confronta cualquier situación con la premisa de «soy ese» y desde ese «ese» se relaciona con el mundo. Si la verdad pone en duda o cuestiona el yo, la mente del yo lo rechaza directamente o lo modifica hasta que deja de ser una amenaza para su existencia. La mente del yo no quiere progresar ni trascenderse.

La mente del yo solo quiere perpetuarse y reforzarse. Cuanto más la observamos desde el yo, más se refuerza este.

La mente del yo encuentra placer en perpetuarse y se preocupa cuando ocurre cualquier cosa que le haga creer que está en peligro. Se alimenta con cada pensamiento, acción o relación que ocurre. La mente del yo está al servicio del personaje que se ha inventado.

La mente del yo no quiere liberarse de sí misma. Al contrario, lucha con todo lo que tiene para seguir perpetuando el yo que se ha creado. Cada intento que hagamos por liberar la mente del yo es otro intento más de esta que solo consigue reforzar el personaje que ha inventado.

Uno observa la mente del yo y ve que únicamente se da cuenta de aquellas cosas que puede darse cuenta desde el estado de conciencia en el que la mente del yo está en este momento. Y eso ya es bastante iluminador, es un buen paso en nuestro recorrido.

Tirar del hilo I

Durante todo el camino, uno puede hacer el ejercicio de profundizar en sus pensamientos, de analizarlos según van surgiendo. Si seguimos tirando del hilo, sin juzgar lo que va saliendo, es posible que lleguemos a realizaciones que, lógicamente, no van a salvar a la humanidad, pero que probablemente nos ayuden a recuperar a cada uno de nosotros la humanidad que hemos perdido.

A continuación, se expone un ejemplo de este ejercicio de tirar del hilo. Las ideas-realizaciones a las que llegue cada uno únicamente le servirán a uno. Probablemente no sean extrapolables a los demás, ni tampoco ese es su objetivo. No obstante, si durante este ejercicio llegamos a una verdad inequívoca, esta resonará por igual en todas las mentes libres. El resto de las conclusiones provisionales a las que llegue cada cual servirá solo a cada uno, como el que arregla el desagüe de su fregadero. Con ello no estará desatascando la red general de alcantarillado de toda la ciudad, pero estará ayudándose a sí mismo. Eso sí, la técnica de desatascar seguro que será muy parecida para todos, pero si a uno no le resulta válida, que busque, si quiere, la que le valga. El camino no es nunca el mismo para todos y la forma de recorrerlo tampoco. Vamos con un ejemplo del ejercicio.

Uno se da cuenta de que solo consigue ver y oír desde la mente del yo.

Uno se da cuenta de que todo intento por liberar la mente del yo es en vano.

Uno se da cuenta de que todo intento por liberar la mente del yo solo consigue reforzarla aún más.

Uno se da cuenta de que la mente del yo aprende rápido y utiliza todo lo que le llega para reforzarse a sí misma en el personaje que se ha inventado.

Uno se da cuenta de que la mente del yo contempla cambiar de personaje siempre y cuando se invente otro personaje que pueda seguir controlando y alimentando.

Uno se da cuenta de que la mente del yo necesita un personaje con el que identificarse, ya sea este un hijo, un padre, un piloto, un marido, un amante, un creyente, un salvador, un iluminado, una víctima o lo que sea.

Uno se da cuenta de que la mente del yo necesita alimentar el personaje, dar sentido al relato.

Uno se da cuenta de que es el personaje inventado por la mente del yo el que le da sentido y coherencia a la mente del yo.

Uno se da cuenta de que renunciar a un personaje es vivido por la mente del yo con angustia y desesperación.

Uno se da cuenta de que la idea de no identificarse con un personaje es vivida por la mente del yo como la muerte de sí misma.

Uno se da cuenta de que la mente del yo tiene miedo a no sentirse identificada con un personaje.

Uno se da cuenta de que saltar al vacío implica no identificarse con ningún personaje.

Uno se da cuenta de que a la mente del yo le aterroriza la idea de saltar al vacío.

Uno se da cuenta de que la mente del yo no se permite saltar al vacío.

Uno se da cuenta de que para la mente del yo lo único importante es identificarse con un personaje.

Uno se da cuenta de que sin la identificación con cualquier tipo de personaje la mente del yo se siente perdida y asustada.

Uno se da cuenta de que la mente del yo es esclava del personaje que ha creado de sí misma.

Uno se da cuenta de que la mente del yo no concibe una existencia sin un personaje con el que se identifique.

Uno se da cuenta de que la mente del yo no concibe ningún escenario posible en el que no exista el personaje que se ha inventado.

Uno se da cuenta de que cualquier idea de lo desconocido, Dios o lo eterno, únicamente existe en la mente del yo si, en ese supuesto desconocido, Dios o lo eterno, existe la mente del yo como personaje principal o, al menos, como actor secundario.

Uno se da cuenta de que la mente del yo no concibe ningún escenario sin la existencia de sí misma.

Uno se da cuenta de que la mente del yo no concibe ningún mundo sin la idea de su proyección en ese mundo.

Uno se da cuenta de que la mente del yo solo imagina un más allá en el que ella siga perpetuándose de una manera o de otra.

Uno se da cuenta de que la mente del yo solo quiere perpetuarse.

Uno se da cuenta de que no se concibe a sí mismo sin la mente del yo.

Uno se da cuenta de que no es capaz de verse si no es mediante el pensamiento de la mente del yo.

Uno se da cuenta de que no conoce nada fuera de la mente del yo.

Uno se da cuenta de que la mente del yo ha creado un personaje con el que se identifica y al que además odia.

Uno se da cuenta de que, si bien es capaz de darse cuenta de que se odia, no es capaz de no identificarse con el personaje que se ha inventado la mente del yo.

Uno se da cuenta de que la mente del yo tiene pánico de la no identificación.

Uno se da cuenta de que la mente del yo solo se permite ser como aquello que reconoce.

Uno se da cuenta de que la mente del yo se aísla en su yo, se refugia en su personaje.

Uno se da cuenta de que la mente del yo no está más liberada que antes y de que todo lo que ha leído, pensado y escuchado hasta ahora solo ha servido para alimentar, reforzar y perpetuar el yo.

Uno se da cuenta de que la mente del yo se permite coquetear y fantasear con la idea de trascenderse a sí misma, porque en el fondo cree que en esa trascendencia va a seguir siendo ella misma, pero, de alguna manera... mejor.

Uno se da cuenta de que la mente del yo es incapaz de imaginar nada sin ella misma.

Darse cuenta de que uno es un prisionero de la mente del yo lo único que hace es reforzar a la mente del yo. Pensar sobre la mente del yo, en este momento del camino, solo refuerza la mente del yo.

Observar el proceso de la mente del yo, en este momento del camino, solo refuerza la mente del yo. Uno se da cuenta de que la mente del yo necesita sentirse no solo identificada, sino también importante, de que la importancia que la mente del yo se otorga a sí misma, de que todo lo que hace la mente del yo lo hace para perpetuar su importancia, porque considera que es importante y que tiene que perpetuarse y hacer grandes cosas, ya sea salvar a la humanidad. O algo aún más importante.

En fin, nos damos cuenta de que la mente del yo no se permite ni por un segundo pensarse como no importante; de que querer trascender, querer alcanzar la iluminación, querer ver a Dios, son únicamente movimientos de la mente del yo para sentirse importante, de que si la mente del yo no se siente importante, se siente insignificante; de que la mente del yo no puede permitir sentirse insignificante; de que la mente del yo no puede permitirse pensar que no le importa a nadie.

Uno se da cuenta de que todos los movimientos de la mente del yo buscan que se sienta importante, ya sea para que los demás la reconozcan como una mente importante o para que ella se reconozca a sí misma como una mente importante, de que el cansancio, el agotamiento y el hastío que supone querer ser importante.

Uno se da cuenta de que querer ser importante impide simplemente ser.

Uno se da cuenta de que no se permite simplemente ser.

Uno se da cuenta de que la mente del yo está siempre en busca de la importancia terrenal y de la gloria divina.

Uno se da cuenta de que la mente del yo no se permite concebirse a sí misma como una mente «normal».

Uno se da cuenta de que la mente del yo busca alcanzar la paz y la calma para así ser más importante.

Uno se da cuenta de que la mente del yo busca vivir experiencias místicas para así sentirse importante.

Uno se da cuenta de que la mente del yo busca estar con mujeres más jóvenes y deseadas para así sentirse importante.

Uno se da cuenta de que la mente del yo busca vivir en una casa más grande y más bonita para así sentirse importante, de que la mente del yo busca más títulos y más reconocimientos para así sentirse importante. Uno se da cuenta de que la mente del yo busca sentirse importante para perpetuarse.

Uno se da cuenta de que la mente del yo piensa que aquello que es importante se perpetúa.

Uno se da cuenta de que la mente del yo busca seguridad en el hecho de considerarse importante.

Uno se da cuenta de que la mente del yo tiene pánico de no sentirse importante.

Uno se da cuenta de que la mente del yo se niega a percibirse a sí misma como no importante.

Uno se da cuenta de la falta de humildad de la mente del yo.

Uno se da cuenta de la vanidad de la mente del yo, de su narcisismo.

Uno se da cuenta de la falta de amor propio.

Uno se da cuenta de que darse cuenta de que la mente del yo busca sentirse importante, le genera tristeza y desasosiego.

Uno se da cuenta de que la mente del yo prefiere pensarse a sí misma que simplemente vivir.

Uno se da cuenta de que la mente del yo considera más importante pensarse a sí misma que vivir.

Uno se da cuenta de que la mente del yo quiere estar todo el día pensando sobre ella misma.

Uno se da cuenta de que la mente del yo lleva tanto tiempo pensando sobre sí misma que le cuesta vivir y relacionarse.

Uno se da cuenta de que la mente del yo lleva tanto tiempo pensando en sí misma que no sabe cómo relacionarse con el mundo.

«Es religiosa la persona internamente sencilla, la que no pretende llegar a ser cosa alguna», afirmaba J. Krishnamurti. Hasta aquí llega la exposición del ejercicio «tirar del hilo». Veremos más ejemplos más adelante.

Antes de continuar, y puesto que para este ejercicio se utilizan muchas palabras, conviene recordar que las palabras limitan al que las pronuncia, al que las escucha y al que las piensa. Las palabras ponen en marcha el proceso de pensar, evocan recuerdos, construyen futuros imaginarios, limitan el presente y la verdad. Sería bueno tener siempre esto en mente cada vez que leamos, escribamos, hablemos y pensemos. También durante nuestros ejercicios de tirar del hilo, si decidimos hacerlos.

Hay que recordar que no estamos obligados a nada, tampoco a hacer ningún ejercicio, lo proponga quien lo proponga. Que cada uno descubra su camino. Algunos lo descubrirán escribiendo, otros escuchando, otros hablando, otros cantando, otros bailando, otros pintando. Otros haciendo diferentes cosas, según el tramo por el que estén pasando o permaneciendo en silencio. Hay tantos caminos como mentes. No nos limitemos al camino señalado por otros.

El sufrimiento se origina en el campo del pensamiento.

A continuación, verteremos unos pensamientos sobre las ilusiones y el sufrimiento que quizá nos ayuden a seguir caminando en la senda del autoconocimiento. Están escritos en primera persona.

O eso me digo (desde el ego)

El ego ha vuelto a hacer de las suyas. Ha vuelto a hacer magia, a creer en «nuestro amor», a ilusionarse contigo, a enamorarse de ti. Pero, una vez más, la magia ha terminado dando paso a la realidad, el encantamiento ha perdido su efecto, el hechizo se ha roto y, como no podía ser de otra manera, la verdad se ha impuesto. Se ha pinchado la pompa de fantasía, ha explotado la esfera ficticia de existencia egoica. Ahora vuelvo a ver las cosas como son en realidad, o al menos, como son. O eso me digo desde el ego.

Ha sido un sueño bonito y el ego cree sentirse afortunado por haberlo vivido. La capacidad del ser humano de sentir amor parece inmensa, incluso mayor que la capacidad de distorsionar la realidad para que esta encaje con la necesidad de amar y de ser amado del yo. Proyecto amor en ti y necesidad en ti y, al hacerlo, dejo de verte tal y como eres y veo únicamente lo que la mente proyecta en ti. Aunque la única que realmente proyecta algo es la mente del yo.

Veo la necesidad, la carencia. O eso me digo desde el ego.

Y de repente, un día, una vez más, te miro —desde el ego— y no me reconozco, y pienso —desde el ego— que ahora ya no estoy proyectando mi imagen en ti, porque si tú eres mi imagen, yo —el ego— no me identifico con esa imagen, no quiero ser esa imagen. Pero quizá tú sigas siendo la imagen de este ego y estás mostrando tal y como realmente es —el ego—. Y ese pensamiento duele —al ego—, porque no quiere ser así, no quiere ser como te ve en este momento, no quiere necesitar amor.

No te juzgo, y te comprendo, o eso me digo desde el ego. Pero el ego no quiere ser como te ve ahora, sencillamente porque no comprende que tú eres yo, y viceversa. Y siento gratitud por mostrarte tal y como eres para que así pueda ver cómo es el ego realmente, para que pueda ver la verdad del mismo.

No te juzgo, o eso me digo desde el ego, porque si lo hiciera me estaría juzgando a mí mismo, y recuerdo que solo juzga el ego y que juzgarse es hacerse daño. Así que acepto como eres, solo que ahora comprendo mejor cómo eres. O eso me digo desde el ego.

Permíteme, con amor, que me aleje de ti, aunque alejarse no sea un acto de amor hacia ti, sino un acto de amor hacia mí mismo. O eso me digo desde el ego. Si algo he aprendido estos últimos años es que debo protegerme de aquello que me hace daño. O eso me digo desde el ego. Y en este momento, tu existencia, tal y como es ahora, y tal y como yo soy ahora —el ego—, me hace daño —se lo hace al ego—. No es un dolor insoportable ni incapacitante. Es más bien una sensación de molestia, asumible, aceptable, pero molestia al fin y al cabo. Y prefiero cuidarme, protegerme y alejarme de esta sensación molesta. O eso me digo desde el ego.

Alejarme de ti no es un acto físico, es un acto de comprensión. Es un «darse cuenta». O eso me digo desde el ego. Y, en este caso, no quiero mantener relaciones sexuales por la pura gratificación sexual, por el simple placer sexual. O eso me digo desde el ego. Practicar el sexo —en el estado de conciencia en el que la mente está ahora mismo— nos ata a este mundo y nos impide avanzar en la transformación. Las relaciones sexuales, desde el estado de conciencia actual de la mente, satisfacen una necesidad y una carencia. Desencadenan la necesidad de unirse con otro y llenar el vacío interno. O eso me digo desde el ego.

Mantengo relaciones sexuales desde el ego para sentirme lleno durante ese tiempo, para sentirme —para que el ego se sienta— completo, no solo para experimentar placer, que también. Las hormonas generadas durante las relaciones sexuales son adictivas, qué duda cabe. Y cumplen con la función de detener la ansiedad y de relajar las tensiones de forma temporal. O eso me digo desde el ego. El acto sexual provoca en el ego una intensa felicidad momentánea y adictiva, y cada vez que practico el sexo se crea una esfera ilusoria de felicidad, una pompa de plenitud que, sin duda, termina siempre por explotar. El sexo, desde este estado de conciencia actual del ego, es adictivo y genera la idea de atarnos a la tierra. El ego lo percibe como una cárcel más creada por la mente, la expresión de su limitada capacidad, de su corta visión. El sexo es adictivo, pero me pregunto —el ego lo hace— si también será destructivo para la esencia. Obviamente, esta confusión tiene su origen en la falta de comprensión tan típica del ego. O eso me digo desde el ego.

Prefiero volver a enfocar la energía hacia dentro, dirigir la atención hacia el proceso interno, hacia el vacío, en vez de hacerlo hacia ti o hacia el sexo. Prefiero amarme hasta que no duela nada nunca, si eso es posible, o hasta que sea libre, si eso también fuera posible. Prefiero lanzarme al vacío sin ti. Prefiero ser libre. Prefiero no ser, aunque preferir es ser. Me doy cuenta de que en mi mente «soy», «existo». O eso me digo desde el ego, ya que preferir es elegir y la elección surge de la confusión de la mente.

Todo esto ha servido para darme cuenta de qué ve la mente. O eso me digo desde el ego.

No parece que haya mucho progreso, si es que existe tal cosa como el «progreso», pero al menos ha habido un darse cuenta, un conocimiento más profundo de uno mismo, un conato de despertar. O eso me digo desde el ego. Porque, en realidad, todo lo anterior es única y exclusivamente ego.

Recordamos que el camino nunca es un camino lineal y que durante el recorrido del mismo tendremos una y mil veces la sensación de estar exactamente en el mismo lugar en el que estábamos al principio. Eso es así. En esos momentos de angustia, recordamos el mantra.

Respirar. Pedir ayuda. No estamos solos.

En el camino de la observación de la mente del yo surgen diferentes pensamientos. A continuación, unas ideas sobre la mente del yo y el ahora.

La mente del yo y el ahora

¿Por qué le resulta insoportable el presente a la mente del yo?, ¿por qué huye una y otra vez del presente?

Al prestar atención, uno escucha el murmullo lejano del tráfico de coches, el tictac del reloj de la cocina, la propia respiración, el teclear de los dedos al escribir, la piel cuando uno se rasca. Uno ve la pantalla del teléfono, cómo se refleja la luz de la lámpara de pie en los muebles y en las paredes de la habitación. En este momento uno no está comiendo, ni bebiendo y, por tanto, no reconoce ningún olor ni ningún sabor.

Pero eso no es lo habitual. La mente del yo viaja constantemente entre el pasado y el futuro. Parece como si no quisiera estar aquí, en el presente. Solo al escribir se consigue retenerla «aquí», ser consciente de su funcionamiento. En cuanto se deja de escribir, la mente del yo enseguida se va. Uno percibe que la mente del yo tiene pánico de quedarse quieta, inactiva, teme el aburrimiento, el silencio, la inactividad. Le desasosiega enormemente quedarse quieta, tiene la necesidad de estar en continuo movimiento. En cuanto se deja de escribir y cierra los ojos, enseguida aparecen imágenes y pensamientos producidos por la mente del yo. Esta es incapaz de fundirse con el ruido de fondo de los coches y de la propia respiración. La mente del yo se siente diferente de esas cosas, no se identifica con ellas, no les da ninguna importancia, las considera irrelevantes y desea que pasen pronto y que enseguida ocurra algo excitante.

La mente del yo no está a gusto estando aquí y ahora. Se siente atrapada, agobiada, asfixiada. Le asfixia vivir. Intenta respirar despacio, porque cree que este aire del presente es, de alguna forma, un aire insano. Intenta aguantar la respiración y salir huyendo de aquí. La mente del yo no quiere estar aquí por más tiempo, siente como si se estuviera pudriendo, como si se estuviera perdiendo algo. No le gusta este momento ni esta situación, no está cómoda ni tranquila ni bien. Necesita escaparse como siempre hace, por medio del pensamiento, de la imaginación o de hacer cosas que la mantengan ocupada y distraída. La mente del yo no quiere concentrarse en lo que está ocurriendo aquí y ahora. Si uno la obliga a estar conscientemente aquí y ahora, va a empezar a apagarse, va a entrar en un modo somnoliento y, por último, se va a acabar durmiendo. Cualquier cosa antes de estar presente.

Esa huida constante del presente nos agota.

Nos agota estar todo el tiempo pensando y saber que la mente del yo no se va a permitir descansar ni un minuto. La única manera de descansar es marchándonos a dormir, y ni en sueños hay una mente del yo en calma. La mente del yo cree que el momento presente no es importante, y al no darle importancia se marcha a otros lugares, actividades o pensamientos considerados por ella como más importantes.

La mente del yo está siempre a la carrera y no tiene tiempo para el presente. Siempre va con prisas, siempre llega tarde, siempre corriendo de acá para allá. La mente del yo no tiene tiempo para parar, para descansar, para observar, ni para vivir. Solo tiene tiempo para recordar, para imaginar o para estar entretenida con algo.

La mente del yo no tiene tiempo para uno. Nunca le pregunta cómo está ni qué quiere o qué necesita. La mente del yo decide por nosotros lo que cree que es mejor para ella. Pero no nos conoce, porque nunca se ha parado a preguntarnos nada. Ella solo responde a los sentimientos de alegría o de tristeza que percibe, y sobre la base de esos sentimientos actúa queriendo más o rechazándolos. La mente del yo ha tomado el control de la vida, ha creado un personaje, un relato, y lo explota y seguirá explotándolo hasta que no quede nada de ese personaje ni del relato.

La mente del yo está intranquila, agitada, hiperestimulada, cansada, pasada de punto, y no quiere o no puede o no sabe parar.

Me pregunto si quizá este vacío que se siente sea falta de amor hacia uno mismo y hacia los demás. Intuyo la respuesta.

A uno se le olvida una y otra vez, pero sentirse feliz o no depende única y exclusivamente de uno.

Nada de lo que ocurre en la vida exterior tiene ningún efecto real en la paz interior. Se nos olvida, pero esa es la verdad. Si no somos felices en este instante es única y exclusivamente porque no nos lo permitimos.

Por algún motivo, consciente o inconsciente, nos impedimos ser felices. Saboteamos nuestra propia felicidad una y otra vez. Tenemos miedo de sentirnos felices.

Uno intuye que cuando éramos pequeños no se nos permitía ser felices, vivir despreocupados, relajados, fluyendo. Imagina que el miedo de aquellos que tenían que cuidarnos les impedía vivir felices y ser libres, y nos transmitieron su miedo, el miedo a vivir, la tensión y las preocupaciones y nosotros hicimos nuestro su miedo. Uno imagina que el condicionamiento ha sido muy profundo y que hoy en día sigue influyendo en la conciencia.

El camino nunca es lineal, a veces uno siente que ha avanzado y, de repente, se ve donde lo había dejado la última vez. Esa es la naturaleza del camino. No hay nada que podamos hacer para que sea diferente. Únicamente respirar, pedir ayuda. No estamos solos.

Mirar donde no queremos ver

Mirarse es conocerse, y eso implica mirar con el mismo detenimiento con el que miramos aquello que nos gusta, aquello que no nos gusta mirar o aquello que nos da miedo.

Al miedo, al aburrimiento, a la desesperación, a la ansiedad, a la tristeza más profunda conviene mirarlas con atención y con interés. Conviene intentar detenerse en ellas, observarlas fijamente, comprenderlas. La observación de nuestras desdichas, de nuestra supuesta fealdad, de nuestra falta de amor, nos permitirá llenar esas carencias con amor propio. Porque, en realidad, somos amor y llegamos con amor allí donde hacemos falta. Pero para poder llenar un cántaro con amor, primero hay que fijarse en su contenido, vaciarlo de aquello que no es amor y llenarlo de amor. Si no somos capaces de ver que estamos rebosantes de otras cosas que no son amor y que estamos vacíos de amor, no podremos llenarnos nunca de nuestro propio amor. Por eso es importante mirar sin apartar la vista allí donde más nos duele, porque es allí donde más nos hacemos falta a nosotros mismos. Y sabemos que duele mucho, pero para eso estamos los demás, para darnos ese abrazo que necesitamos cuando creemos que solos no podemos. Mejor juntos.

Respirar. Pedir ayuda. No estamos solos.

Casi siempre nos cuesta más reconocer la falta de amor propio en uno mismo que la falta de amor propio en los demás. Nos hemos acostumbrado a desviar la mirada y la atención del foco de nuestro dolor. No queremos mirar en nuestras heridas, no queremos enfrentarnos con nuestro dolor, y para evitarlo mantenemos la mente del yo ocupada todo el tiempo, artificialmente distraída. Nos engañamos pensando que nos hemos alejado de aquello que nos dolía. Y llega un día en que se nos ha olvidado qué era lo que nos provocó el dolor en primer lugar, pero el dolor sigue ahí y probablemente seguirá ahí hasta que dejemos de huir de él, nos detengamos y lo miremos directamente a los ojos.

El dolor nos indica dónde tenemos que mirar, no de qué tenemos que huir.

Lo mismo con el miedo, la desesperanza, la supuesta fealdad, la desesperación y todo aquello que no sea paz. Si duele y seguimos sin prestarle atención, solo vamos a conseguir que ese dolor se haga crónico. Así que, cuando duela, lo que podemos intentar es detenernos allí donde lo haga y observar con toda la atención de la que seamos capaces. Si lo que hace daño es el abandono, podemos intentar detenernos, parar y observar con atención el estado actual de ese sentimiento. Al principio, será más intenso, porque seremos más conscientes, pero precisamente la observación de ese sentimiento sin huir de él, sin identificarse con él, lo transformará, eventualmente, en paz y quietud. Es posible que el recuerdo del abandono sufrido vuelva a generar un sentimiento de dolor. De nuevo, podemos parar, detenernos y observar el sentimiento actual de abandono sin identificarnos con él. No somos el sentimiento de abandono. No somos el abandono. Somos conciencia de una mente que siente abandono. En la observación atenta y desidentificada, nos damos cuenta de que ese sentimiento no pertenece a este momento presente, a esta dimensión, a este nivel de conciencia y ni tan siquiera le pertenece a uno mismo. Nos damos cuenta de que ya transitamos antes por este mismo tramo, de que ese recuerdo no existe en el momento actual, de que el recuerdo es el lugar donde una dimensión pasada se cruza con la dimensión actual.

Conocerse produce en nosotros cambios irreversibles. Cuanto mejor se conoce uno a sí mismo y más se permite observarse sin juzgarse, más tranquilo está, más cómodo está aquí y ahora, y menos ganas tiene de irse de donde está; es decir, menos necesidad tiene de que este momento, el momento presente, termine o pase rápido y llegue otra cosa.

Cuanto mejor nos conocemos, menos prisa tenemos, menos ansiedad, más podemos permitirnos permanecer quietos observando lo que es, menos necesidad se tiene de acumular, de huir, de transformarse. Cuanto mejor se conoce uno, más se permite ser como es y que lo demás sea como es y los demás sean como son.

Cuanto mejor se conoce uno a sí mismo, la relación con los demás es menos invasiva, más respetuosa, más cordial, y con uno mismo también uno es menos invasivo, más respetuoso, más cordial y más amable.

Tirar del hilo II: la mente del yo y la eternidad

La mente del yo se escapa constantemente del presente.

La mente del yo huye constantemente del presente.

La mente del yo no quiere estar en el presente.

Esa huida genera ansiedad, frustración, nostalgia, tristeza, dolor.

La mente del yo no quiere conectar con el presente, no quiere ver el presente, no quiere sentirlo, escucharlo, olerlo, tocarlo. La mente del yo busca otras sensaciones que le aporten placer, que le hagan sentirse importante.

La mente del yo considera que este instante no es importante y huye de él en busca de sensaciones que le hagan sentirse importante.

La mente del yo considera una pérdida de tiempo estar aquí y ahora.

La mente del yo desea más estímulos, más sensaciones que le hagan sentirse importante.

La mente del yo no quiere que este instante sea eterno.

La mente del yo quiere ser ella la eterna.

La mente del yo no acepta su naturaleza efímera.

Viene la mosca y la mente del yo cree que viene a visitarla —aunque una mosca posada de repente sobre una pantalla táctil puede formar un tremendo lío—. La mente del yo sigue sin identificarse con la mosca ni con nada que sea efímero, tan solo se identifica con la importancia y con lo que cree que significan las palabras «eternidad», «verdad» y «Dios». La mente del yo odia a uno como ser humano por su supuesta falta de importancia, por su caducidad, obligándole a uno a hacer lo que sea para convertirse en eterno, en santo, en Dios.

La mente del yo no puede parar porque busca la eternidad. No entiende que la eternidad solo llega cuando dejamos de buscar. La mente del yo sigue agitando el frasco buscando obtener claridad. Si hay agitación, no hay comprensión, no hay claridad. Las pulsiones del deseo, del miedo, de la necesidad, ocupan toda la actividad de la mente del yo, la agitan, la limitan, la condicionan, impidiendo la comprensión total.

Recordamos de nuevo las palabras de J. Krishnamurti: «El conocimiento propio es el principio de la sabiduría, no puede haber sabiduría sin conocimiento propio». Más adelante hablaremos de la sabiduría.

Si la mente del yo está en el pasado, en el mundo de los muertos, no está en el presente, no se encuentra en el mundo de los vivos. Es importante reconocer sin identificarse, afrontar, investigar y comprender los problemas, los deseos, los miedos de uno en uno a medida que surgen. Y no hay un final en este proceso de investigación y de comprensión. El camino se convierte en una investigación constante. Ese es el camino. La mente del yo se transforma en una investigadora incansable de todo lo que le llega. No hay ninguna meta final, ningún final del camino, ningún objetivo que cumplir. El camino no es lineal.

Investigando con amor, nos damos cuenta de muchos procesos de la propia mente del yo.

Buscando a mi mamá

Anteriormente, dijimos que uno buscaba a su madre en otras mujeres, en otras partes. Lo que intentaba decir no era que uno buscara a su madre, sino que lo que estaba realmente buscando era lo que se supone que una madre le hace sentir a uno cuando es un niño: seguridad, amor, cuidados, protección, tranquilidad, complicidad, pertenencia, importancia, risas, felicidad, lealtad, defensa, plenitud, comprensión, compasión. Busca la idea de lo que una madre debería representar.

En los últimos años, he dejado de buscar en los otros esas sensaciones y he entendido que uno mismo puede generarlas. En este instante, me doy cuenta de que en contadas ocasiones me he dado seguridad, amor, cuidados, protección, tranquilidad, complicidad, pertenencia, importancia, risas, felicidad, lealtad, defensa y plenitud. No ha sido nunca, ni lo es en este momento, un estado constante de sentirse así, pero en ocasiones uno ha sido su propia madre. También me he dado a mí mismo maltrato, odio, culpa, castigo, inseguridad, abandono, agitación, tristeza, deslealtad, ataque y vacío. Tampoco ha sido ni es un estado constante de sentirse así.

Uno se da cuenta de que hay oscilación entre lo uno y lo otro.

La exploración continúa, el conocimiento continúa, el camino continúa.

Cuando uno se siente mal es porque no se está amando.

A continuación, recordamos lo que dijimos sobre el yo y la identificación y seguimos profundizando en ello.

Tirar del hilo III: el vano intento de desidentificación

Para desidentificarse de uno mismo, uno intenta identificarse con lo que cree que no es. Ya lo hemos dicho: la mente del yo se identifica con una idea y construye el yo, la idea de sí misma, en función de los recuerdos, las experiencias, los sentimientos, el pensamiento y el conocimiento. En su intento de desprenderse de la identificación con todo ello, procura identificarse con lo que no es eso, pero lo sigue haciendo desde el yo. Sigue distinguiendo entre lo que «soy yo» y lo que «no soy yo». Y para trascender el yo, primero se identifica y luego pretende dejarlo atrás, escaparse de él. Pero se intuye que ese no es el camino.

En ese escapar del yo sigue habiendo un yo, la búsqueda de resultados, la identificación, el deseo, la continuidad, el pensamiento, la voluntad.

La mente del yo intenta observar el yo sin identificarse con él, pero no lo logra. Utiliza el yo para observarlo y así solo consigue fortalecerlo aún más. Se concentra entonces en observar lo que considera que no es el yo —como los árboles, las nubes, las moscas...—, y solo consigue observarlas con más detenimiento que antes, con más atención, pero desde el yo.

La mente del yo se dice que para intentar observar algo sin la influencia del yo, ayuda definir primero qué es el yo y después intentar soltarlo, pero casi nada en este campo funciona como espera. El hecho de reconocer el yo y de utilizar la voluntad para soltarlo son acciones del yo que solo consiguen el efecto contrario. En este momento, la mente del yo se da cuenta de que fracasa en su anhelo de trascender el yo y de que el fracaso le hace sentirse mal. Recuerda aquello de «trata de no pensar en un elefante rosa». Cuanto más intenta no pensar en el yo, más lo hace. Así, nos damos cuenta de que no sabe cómo relacionarse con el mundo si no es a través del yo, reparamos en que intentamos imaginar cómo sería relacionarse con el mundo sin el yo y somos incapaces de hacerlo.

Uno se da cuenta de que imaginar cualquier cosa es un acto del yo.

Uno se da cuenta de que el día que se relacione con el mundo sin el yo no será utilizando la mente del yo.

Uno se da cuenta de que no consigue vivir sin la mente del yo.

Uno se da cuenta de que la mente del yo controla y dirige la vida.

Uno se da cuenta de que se identifica únicamente con la mente del yo.

Uno se da cuenta de que en este momento cree ser la mente del yo.

Uno se da cuenta de que reconocer que cree que es la mente del yo le genera tristeza y rabia.

Uno se da cuenta de que lleva años intentando liberarse de la mente del yo.

Uno se da cuenta de que no ha conseguido escaparse de la mente del yo, aunque desea hacerlo.

Uno se da cuenta de que no acepta vivir en la mente del yo.

Uno se da cuenta de que querer y no poder escaparse de la mente del yo hace que se odie, se culpe y se castigue.

Uno se da cuenta de que la mente del yo le odia, le culpa y le castiga por querer abandonarla.

Uno se da cuenta de que la mente del yo no quiere morir.

Uno se da cuenta de que la mente del yo le necesita para vivir.

Uno se da cuenta de que tiene un conflicto con la mente del yo.

Uno se da cuenta de que no comprende la mente del yo.

Uno se da cuenta de que la mente del yo se odia a sí misma.

Uno se da cuenta de que no distingue entre la mente del yo y uno mismo.

Uno se da cuenta de que cree que uno es la mente del yo.

Uno se da cuenta de que se identifica únicamente con la mente del yo.

Uno se da cuenta, finalmente, de que quien dice «uno se da cuenta» es la mente del yo, la mente del yo dándose cuenta de su propia existencia y de sus conflictos.

Donde pone «uno se da cuenta» realmente debería decir «la mente del yo se da cuenta».

Y las referencias a «uno mismo» son referencias directas al yo, a la mente del yo. Es la mente del yo hablando únicamente de sí misma. Y, sin embargo, fuera de la mente del yo, está dándose cuenta de su actividad como tal. Y la mente del yo no sabe de dónde surge esa conciencia, dónde está ni qué es, qué relación tiene con ella, si tiene alguna. Y seguramente nunca lo sabrá.

¿Es importante «para qué»?

Sabemos que la mente del yo funciona según lo que considera importante. Ese sería el «porqué»: hacemos esto o pensamos así porque eso es importante para uno, para la mente.

Pero podemos ir más allá del porqué, podemos intentar averiguar para qué es importante aquello que la mente del yo considera de ese modo. Descubrir su utilidad, el pragmatismo de aquello que consideramos que importa. Hacerlo así nos permitirá profundizar un poco más, conocer mejor a la mente del yo. De hecho, la respuesta a por qué actuamos como actuamos y a por qué pensamos como pensamos tiene su origen, muchas veces inconscientemente, en el para qué.

Explorar el para qué de cualquier decisión que tomemos puede llevar a darnos cuenta de una razón más profunda. Por ejemplo, creemos en lo incomprensible porque es importante para... llegar al refugio donde descanse nuestra alma eterna y seguir existiendo en el más allá. O creemos que tenemos pareja, leemos, escribimos, aprendemos, viajamos, bebemos, salimos, vemos series, escuchamos música... porque es importante para distraernos del vacío que sentimos. O que hacemos deporte porque es importante para tener una buena salud y perpetuarse todo lo que podamos o porque es importante para resultar atractivos y así encontrar una pareja que nos distraiga del vacío que sentimos y consiga hacernos sentir parte de algo superior a nosotros mismos.

Casi todos los «para qué» nos llevan a darnos cuenta de que la mente del yo busca refugio fuera de este mundo que percibe como caótico y terrible, así como a intentar perpetuarse y distraerse del vacío interior que siente. En definitiva, casi todo lo que hacemos y pensamos está motivado por una huida del momento presente hacia una idea de refugio eterno de paz. Así funciona normalmente la mente del yo con la que nos identificamos.

Deseo

La mente del yo está constantemente deseando cosas. Y en ese desear uno solo encuentra más agitación y menos paz.

Desear la libertad nos aleja de la libertad.

Desear ver la verdad nos aleja de ver la verdad.

Desear la humildad nos aleja de la humildad.

Desear dejar de desear nos aleja de dejar de desear.

Desear ser mejores nos aleja de ser mejores.

El laberinto de la mente del yo

En este momento la mente del yo se dice: «Ya solo deseo conocerme y no sé si ese deseo me aleja de llegar a conocerme». Creemos que nunca llegamos a conocernos verdaderamente, sobre todo porque lo que somos es la mente del yo. Pero nos esforzamos en usar la mente del yo para conocernos a nosotros mismos, dando como resultado la creación de un bucle de falso autoconocimiento en el que la mente del yo es, a la vez, la creadora del laberinto y quien está encerrada en él. Ya hemos dicho que el camino muchas veces nos parecerá un auténtico laberinto. Es así. Recordamos el mantra: respirar, pedir ayuda. No estamos solos.

El camino sin fin del autoconocimiento

Uno intuye que el conocimiento de uno mismo nunca termina.

Uno intuye que el conocimiento de uno mismo es un proceso sin fin.

Uno intuye que puede conocerse mejor cada día, pero intuye también que nunca llegará a conocerse del todo.

Uno no puede esperar a llegar a conocerse completamente nunca.

Uno intuye que no hay un final en el conocimiento de uno mismo, que es un camino sin un destino fijo.

Uno observa que la mente del yo no se detiene en el conocimiento adquirido de sí misma.

La mente avanza, investiga, continúa, sigue, prosigue. No se acerca al conocimiento completo de sí misma, porque ese conocimiento no tiene final, es infinito.

El conocimiento de uno mismo se va construyendo paulatinamente y no tiene límite. Se profundiza cada vez más, pero no hay un centro ni ningún fondo al que llegar.

A medida que profundizamos, se van creando nuevas esferas de conocimiento, se van desplegando ante nosotros nuevas realidades.

El conocimiento de uno mismo es un estado constante de creación del camino.

No es un viaje por lo conocido, no es un descubrimiento de lo existente. Aparentemente, es la creación de lo desconocido, el nacimiento de algo nuevo a cada instante, un proceso vivo que genera conciencia que era inexistente hasta ese instante en que fue creada por uno.

En ese camino del conocimiento propio, uno se da cuenta también de que la mente va persiguiendo la felicidad como se busca la sombra en verano.

4. Autoconocimiento II

La mente del yo y la felicidad

L a mente del yo piensa que es importante ser completamente feliz. Al considerar esto, dedica toda su energía a ese propósito. Pero cuanto más desea la mente del yo ser feliz, más esfuerzo pone y más rápido se acaba alejando la felicidad, porque esta llega a uno cuando paramos, cuando dejamos de buscarla, de echarla de menos, cuando ya no pensamos en ella. Una mente en calma es una mente feliz. Una mente que busca la felicidad es una mente del yo alejándose de la felicidad. Y eso nos lleva a darnos cuenta de algunas cosas, nos lleva a ciertas realizaciones como las siguientes.

Ser feliz no es importante.

Ser importante no es importante.

Ser algo no es importante.

Comprenderse a uno mismo es importante para poder trascender la mente del yo.

Cada minuto que pasamos en el camino nos permite tener una experiencia más de conocernos a nosotros mismos.

El proceso de conocernos a nosotros mismos se produce estemos donde estemos y hagamos lo que hagamos.

El proceso de conocernos a nosotros mismos no se detiene ni se acelera con ningún suceso externo que ocurra. De hecho, requiere que prestemos atención a todo lo que ocurre dentro y fuera de la mente del yo, y que lo observemos con los ojos de un niño, con inocencia y con curiosidad.

Ese es el camino.

Lo eterno parece observar lo interno y lo externo.

Darse cuenta de lo que es nos saca de la cueva de la mente del yo y nos conecta con aquello que es eterno.

Lo que es, es lo que ocurre dentro y fuera de la mente del yo.

Fregar los platos, cocinar, barrer, escuchar música, leer, escribir, contemplar los árboles, escuchar el cantar de los pájaros, ver las nubes, hablar, escuchar, caminar, oler, lavarse las manos, estudiar, conducir, volar, rascarse, respirar, sentir miedo, sentir placer, sentir alegría, sentir tristeza, mirar por la ventana. Cualquier cosa, todo, es lo que es y ahí está la eternidad. Todo son formas efímeras de lo que es, de la eternidad que no alcanzamos a comprender desde la mente del yo.

Uno es conciencia de la eternidad en lo efímero.

Lo que es, es la experiencia efímera de la eternidad, que es contemplada desde diferentes estados de conciencia.

La mente del yo perturbada

Para la mente del yo, en el estado de conciencia actual, es importante no sentirse perturbada. Cuando algo le perturba, no se encuentra bien e intenta quitárselo de encima. Busca la paz continuamente y se siente mal cuando algo, o ella misma, se aleja de eso a lo que llama paz. La mente del yo no quiere ser perturbada: quiere ser imperturbable. Pero se da cuenta de que es perturbable y de que es precisamente en la perturbación cuando más profundiza en el conocimiento de sí misma. Aun así, todavía no comprende la repercusión de sentirse alterada, de que cualquier cosa pueda provocar esa sensación. Aún no es plenamente consciente de que ella misma desea seguir adormecida, calmada, alejada de cualquier perturbación.

Ser verdadera ayuda

Ayudar sin pensar en qué le convierte eso a uno, sin juzgar cómo ha sido la ayuda. Ayudar porque se puede, sin esperar nada a cambio, ni tan siquiera agradecimiento, ni mucho menos reconocimiento.

Ayudar desde el hecho de convertirse en ayuda, y nunca desde el ego. A pesar del propio vacío interior.

Ayudar y olvidar que se ha ayudado, hacerlo porque se es ayuda, no por convertirse en el que ayuda. Ayudar porque ser ayuda también ayuda a trascender el yo y a convertirse en ayuda. La mente del yo puede percibirlo como ayuda y llamarlo así, pero puede ser sencillamente relación, la manera en la que ocurre la relación en ese instante, una sincronización de la energía.

Ayudar sin pretender ayudar, sin la intervención ni la influencia del yo. Ayudar desde la libertad, sin ser conscientes de que se está ayudando. Ayudar porque uno se ha transformado en ayuda. Hacerlo sin ningún esfuerzo.

Ayudar y que la ayuda le resulte anónima incluso a la mente del yo. Porque se ha trascendido el ego y se ha transformado en ayuda. Ayudar sin pretenderlo, sin el propósito de querer ayudar.

Ayudar sin juzgar la ayuda como algo bueno o malo. Porque uno es ayuda, y no porque la mente del yo elija querer ayudar.

Ayudar y olvidar.

Permanecer con uno mismo y pedir ayuda

En tiempos turbulentos, uno puede permanecer con uno mismo.

Cuando la mente azota, uno puede permanecer con uno mismo.

Cuando se siente un vacío abismal, uno puede permanecer con uno mismo.

En los momentos de soledad más profunda, de aislamiento y de sufrimiento, uno puede estar ahí con uno mismo, siendo compañía, abrazo, en silencio.

La mera compañía de uno mismo es lo único que uno necesita cuando se siente mal, pero si esto no es percibido así, si uno siente que solo no puede, puede llamar y pedir ayuda, porque la verdad es que uno nunca está solo, se percibe de ese modo en la mente del yo.

Conectar con el sufrimiento, profundizar en él, ahondar en sus raíces, permite comprender su origen y lo que lo mantiene. Uno está en continua observación de sí. Y no está solo. Mejor juntos.

Respirar. Pedir ayuda. No estamos solos.

La mente del yo no acepta la realidad

La mente del yo se da cuenta de que desea ser algo que no es. Se pregunta por qué no se acepta como es, por qué quiere ser diferente, por qué quiere ser otra persona u otra cosa, por qué quiere salvar al mundo cuando no es capaz de salvarse a sí misma.

La mente del yo tiene ideas de grandeza para sí misma, ideas de ser la salvadora del mundo, un ángel, un buda, algo extraordinario. La mente del yo no quiere aceptar lo que es y se imagina algo grande, importante, relevante.

La mente del yo no quiere aceptar su mortalidad, su insignificancia, su autopercibida falta de importancia. Por el contrario, quiere sentirse importante, especial, admirada.

La mente del yo está condicionada por el narcisismo, por la grandeza, por la importancia, por el destacar, por el sobresalir.

La mente del yo no quiere aceptar lo que es.

Somos, entre otras cosas, un ser vivo que se rige bajo las condiciones de este camino.

La mente del yo tiene el deseo de aceptar la vida como es, la humanidad, la mortalidad, los miedos, la fragilidad, la insignificancia. Pero no puede. Se da cuenta de que desea salvar el mundo y de que se desespera cuando ve que no estamos salvando nada ni a nadie. Soberbia espiritual.

La mente del yo se ha otorgado el papel de salvador del mundo y dedica toda su energía a ese propósito. Y no quiere conocerse a sí misma, quiere convertirse en un ser celestial, huir de este mundo y dejar de sufrir.

La mente del yo cree que convirtiéndose en un ser celestial dejaremos de sufrir y recibiremos el amor, la gratitud y la admiración de todos los seres humanos. Quiere convertirse en un ser celestial para ser admirada por todos. Sin embargo, no tiene ningún interés en salvar a la humanidad, lo que quiere es conseguir la admiración de todos los seres humanos. Por eso se siente tan mal cuando ve que el tiempo va pasando y no hay ningún resultado en ese sentido. Ni nunca lo va a haber.

La mente del yo busca nuevas formas de transformarse en un ser celestial, ya sea leyendo libros, meditando, estudiando, rezando, pensando... Prueba todas las formas posibles que conoce para convertirse en un ser celestial. Sin embargo, no se ama ni ama a los demás ni ama nada.

La mente del yo es un yo gigantesco que solo busca inflarse cada día más para obtener mayor reconocimiento, solo quiere hacer el bien para sentirse importante y admirada. Sin embargo, la mente del yo realmente no tiene ningún interés en salvar a la humanidad ni en hacer el bien.

La mente del yo quiere convertirse en un ser celestial para permanecer, para hacerse inmortal y para seguir acaparando poder, tan solo quiere sobrevivir y sentirse importante.

La mente del yo carece de la más mínima humildad. Todo esto del conocimiento propio, etcétera, es solo una apuesta para llegar a ser más importante. No quiere conocerse a sí misma, solo aspira a ser cada día más importante.

Uno se da cuenta de que la mente del yo quiere ser importante, pero, curiosamente, a uno la importancia de ser importante le importa cada día menos.

Para uno es importante ser feliz, no ser importante. Ser importante es un deseo del ego.

La mente del yo le está cogiendo manía al ego, es decir, a sí misma. A veces, cuando la mente del yo se da cuenta de su propio ego, le entran ganas de vomitar. Le da rabia tener tanto ego. Aunque intenta permanecer neutral, indiferente mientras observa el ego, le cuesta mucho y acaba juzgándolo —y juzgándose—. No es posible dicha neutralidad, aunque se engañe haciéndose creer que sí lo es.

La mente del yo se pregunta si en algún momento comprenderá que lo único importante es vivir este instante tal y como es, sin querer cambiarlo, sin querer que se termine, sin querer que sea diferente, sin juzgarlo, conectando con todo lo que es, sin querer huir, sin querer comprender, solo viviéndolo tal cual es.

La respuesta evidente es que no, la mente del yo solo puede hacer aquello que hace la mente: identificarse y juzgar, ser ego.

La mente del yo espera señales, señales de alguna presencia celestial que le diga hacia dónde debe dirigirse para llegar a convertirse en un ser celestial. Y es que este mundo no solo le importa poco, lo que de verdad le importa es salir de aquí cuanto antes, y para eso se ha inventado que ella es la elegida y que enseguida se va a marchar. La idea de ser un ser celestial es otra forma de evasión de la mente del yo, quizá la más elaborada. Soberbia espiritual. Convertirse en un ser celestial es una forma de resistencia de la realidad, una forma de evasión, un delirio. Y mientras la mente del yo divaga con un más allá, con su idea de lo incomprensible y del Todo, el camino se le escapa entre los dedos de las manos. Mientras divaga, no vive.

Estar allá impide estar acá, que es donde están la verdad y la vida.

El globo gigantesco del ego nos eleva a alturas estratosféricas sobre el camino y nos impide ver la verdad de este.

La mente del yo se está perdiendo en la ilusión, en el deseo del propio ego, se está perdiendo la verdad del camino, se está perdiendo la posibilidad de ser feliz.

Recordemos que el camino nunca es lineal. Y recordemos también nuestro mantra ya sabido: respirar, pedir ayuda, no estamos solos.

La mente del yo ambiciona convertirse en gurú

El ego es ambicioso. Desea más que nada ser importante, celestial, divino, un gurú. El ego ha descubierto que no puede conseguir lo que quiere a nivel terrenal y que ya no le llena casi nada aquí, y ha fijado el objetivo de su ambición en lo espiritual. Ya no le vale con ser importante en la tierra, ahora quiere ser importante en el más allá.

La mente del yo no consigue llevarse bien con el ego, o sea, con ella misma. Comprende que su ambición viene motivada por el hecho de haberse sentido insignificante, de que le hayan convencido de que no vale nada, de que le hayan inoculado en la sangre que es menos que otros y tiene que estar en permanente comparación con los demás, en constante competición con los demás. Comprende su origen, pero ya empieza a estar cansada de sus propias manipulaciones, de su tergiversación de la verdad, de su ceguera, de su ambición, de su soberbia. La mente del yo está muy harta del ego —que es ella misma—. Nota el peso de sus cadenas arrastrándola al fondo una y otra vez, nota cómo le limita y le impide ser feliz.

La mente del yo no quiere hacerse violencia, no quiere castigarse más por ser como es.

El ego es el que es, y no puede ser otro en este momento. La mente del yo intenta observarlo sin juzgarlo, pero le cuesta muchísimo, porque le duele mucho. Está deseando librarse del ego, pero inmediatamente comprende que el deseo de liberación lo único que consigue es atarle más. Tampoco puede obviarlo, vivir al margen de él, porque, en el fondo, la mente del yo también es el ego, es los pensamientos, las creencias, los deseos, los miedos, las ambiciones y las preocupaciones del ego. Negarlo solo produce que esté más sometido aún.

El camino no es nunca lineal.

La mente del yo está permanentemente enfadada consigo misma porque tiene un ego como el universo entero, no le entra nada más. El salto al vacío significa vaciarse del ego. Pero eso es tan difícil... Hasta el día de hoy, la mente del yo solo ha conseguido estar repleta de diferentes formas de ego, que ha adoptado el papel de buen hijo, buen estudiante, buen marido, buen padre, buen amante, buen piloto, buen comandante, buen psicólogo, buen deportista, buen lector, buen amigo, buen iluminado, buen salvador, buen ciudadano, buen gurú... Ha ido alternando papeles a lo largo del tiempo, cambiándolos, adaptándolos a lo que «la audiencia» quería, esforzándose siempre en ser admirada, porque nunca le ha bastado el aprobado, siempre ha deseado el sobresaliente, la matrícula de honor, el reconocimiento público. Pero el ego no solo es ambicioso, también es muy miedoso, sobre todo ante la posibilidad de perder lo conseguido, de dejar de existir, de desaparecer, de ser olvidado, de no ser reconocido, de ser atacado, herido, humillado, de sufrir, del vacío, del abandono. La mente del yo tiene miedo y sufre, y se relaciona desde el miedo y el sufrimiento.

Respirar. Pedir ayuda. No estamos solos.

Vivir de instante en instante

Uno vive de instante en instante. Uno sabe que vive de instante en instante cuando todo está bien como es.

En cuanto surge el malestar, la ansiedad, la tristeza, el miedo, uno sabe que no está viviendo el instante, que no está viviendo.

Los recuerdos, los pensamientos, la ansiedad le sacan a uno de la vida y le llevan al mundo de los muertos.

El canal

Uno se percibe a sí mismo como un canal por el que fluye la armonía y permite que esta, así como la paz, la amabilidad, la gratitud y el amor, discurran a través de uno y lleguen donde más falta hacen. Somos la amabilidad, la gratitud, la bondad, la paz. Somos la materialización en este instante de la armonía, de la paz y del amor, que fluyen a través de nosotros para llegar a los demás.

Lo anterior es lo que es. Pero también es verdad que, a través de la mente del yo, a través de la energía mental del yo, también fluyen muchas otras cosas que nada o poco tienen que ver con paz, armonía o amor. A través de la mente del yo también toman forma otras energías que no son precisamente eso. Esa es la verdad y, al menos, ahora la mente del yo es consciente de ello. La mente del yo se observa y se da cuenta y cree conocerse mejor.

El camino nunca es lineal.

Doble vínculo

La verdad es verdad a pesar de uno.

Uno se da cuenta de la vulnerabilidad.

Uno reconoce la fragilidad.

Uno es consciente de la desprotección.

Uno se da cuenta de que negar la fragilidad, la vulnerabilidad, le somete.

Aceptar la vulnerabilidad nos hace más libres, nos desgasta menos.

Uno comprende la falta de poder sobre los demás, la falta de autoridad sobre ellos y, a partir de ese momento, uno se relaciona con ellos como iguales.

Si Dios le quisiera a uno diferente de como es, le habría hecho diferente.

Si Dios no nos quisiera puramente humanos, nos habría hecho diferentes.

Uno abraza la humanidad, la vulnerabilidad y la llamada vida en la Tierra.

Uno abraza a Dios y le pide ayuda.

Uno se da cuenta de que la mente del yo delira.

Uno se da cuenta de que la mente del yo tiene miedo, se angustia y quiere huir de aquí y de ahora.

Uno se ríe con amor de los sentimientos de importancia, de la falta de sencillez y de humildad.

Uno se ríe de los delirios de la mente del yo, de la gravedad que esta percibe.

Uno se ríe de la angustia, de la vanidad, de las contradicciones.

A uno todo eso le parece muy humano, muy del yo, muy absurdo, muy divertido.

Uno se ríe de todo, sin maldad, con compasión, con amor.

Uno se toma mucho menos en serio que antes.

Uno vive más relajado, menos tenso, más libre, menos preocupado, más contento, menos triste.

Uno no pretende salvar el mundo ni salvar a nadie, ni siquiera a sí mismo.

Uno sabe que eso no depende de uno.

Uno se da cuenta de que la idea de pretender conocerse por el hecho de conocerse, sin mayores pretensiones, sin querer mejorar ni evolucionar ni cambiar, es una idea de la mente del yo.

Querer conocerse, tener plena conciencia de quién es, despertar, ver la verdad, vivir en el presente son ideas y pretensiones de la mente del yo.

Uno no aspira a nada, ni a crecer. Ni sabe que salvarse, encontrarse con Dios, ser eterno, son dones de Dios. No sabe que es conciencia de la vida y no tiene ningún deseo de vivirla de forma diferente a tal y como es. Uno no desea estar en otra parte ni ser diferente de como es ahora. Y se da cuenta de que el deseo de vivir, respirar, prestar atención, darse cuenta y conocerse son deseos de la mente del yo.

Observar sin juzgar.

Darse cuenta sin pensar.

Eso es uno.

Y, a la vez, querer conocerse para ser mejor, para ser más, para sentirse más seguro, más feliz, más en paz, son deseos de la mente del yo.

No existe ninguna contradicción en uno, a pesar de la aparente contradicción en todo lo que parece ser uno. El doble vínculo con lo divino y lo eterno, por un lado, y con lo humano y lo temporal, por otro, es vivido a la vez desde la esencia y desde la mente del yo con la que muchas veces se identifica uno.

No se puede negar la naturaleza humana, el miedo, el sentimiento de vacío, la soledad, el egoísmo, los delirios y las mentiras. Todo eso está ahí y forma parte de la mente del yo, que no puede ni quiere negar que tiene deseos, anhelos, que casi siempre piensa en sí misma primero, que es egoísta, que busca el placer y la gratificación, aunque eso implique aprovecharse de otros, que no es ninguna santa, ni ningún buda. Esa es la verdad. Tan verdad como que a veces uno es conciencia de sentimientos de amor puro a la vez que la mente del yo tiene verdaderos deseos de que esto que percibe como «el mundo» sea mejor para todos. A veces uno y la mente del yo se alinean y hay armonía.

Ese doble vínculo es la verdad. Y la mente imagina que así tiene que ser. La esencia lo sabe.

El camino nunca es lineal.

La baba de caracol

El pasado, a pesar de ser algo ya sucedido, sigue presente en la mente del yo. Los recuerdos son energías mentales del yo que nos ocupan en el presente. El pasado es como la baba del caracol, es el rastro que vamos dejando mientras avanzamos por la vida, pero es un rastro al que nos sentimos aún unidos, vinculados, un recorrido que aún hoy y ahora sigue formando parte de aquello a lo que la mente llama «nosotros».

Cuando la mente del yo mira atrás es capaz de ver ese rastro que ha ido dejando, ese rastro con el que se identifica plenamente. La mente del yo se considera a sí misma como ese recuerdo. Sin embargo, ese pasado ya no existe, como no existe ningún pasado. De alguna manera, la mente del yo delira cuando recuerda ese pasado y lo vive como si fuera una vivencia actual. Algunos recuerdos parecen tan reales que cuesta distinguir entre realidad y ficción, entre presente y pasado, entre vida y recuerdo. La mente del yo se pregunta si lo incomprensible tendrá memoria. Imagina que no, que lo incomprensible es el camino. La esencia sabe que lo incomprensible no es la memoria, que lo incomprensible es el camino.

Sin embargo, la mente del yo no puede dejar de recordar el pasado. De hecho, ese pasado es lo que la define, es lo que le da la identidad, es con quien se identifica, es el yo. O al menos así lo piensa, así cree vivirlo. Y uno sabe que uno no es el pasado, que nada ni nadie son el pasado. Que el pasado no existe. Pero como la baba del caracol bajo la luz de la luna, el rastro del pasado brilla a la luz de los recuerdos, señala por dónde ha pasado y está hecho de una sustancia que en este momento forma parte del ego.

No tenemos claro si queremos que esto siga siendo así. No tenemos claro si realmente queremos olvidar por completo el pasado, borrar los recuerdos, morir a cada instante, renacer cada mañana. La idea de olvidar el pasado da vértigo, produce desasosiego, angustia. Aparentemente, se elige seguir atados al pasado como si fuera una tela de araña que nos impide alejarnos mucho de donde una vez creemos haber estado. Aparentemente, se elige permanecer unidos a ese pasado inexistente que en la actualidad habita únicamente en los recuerdos. Ese pasado al que llamo «mi vida», cuando realmente es «mi muerte».

Esto me hace pensar —permítasenos una pequeña digresión— en esa suerte de no-ser de la fotografía,[3] cuyas cualidades serían revelación —en el sentido de desvelar algo oculto— y tiempo —que es en lo que nos vamos a fijar en este relato nuestro—, dado que la fotografía siempre nos muestra la vida en diferido, es un genérico «lo que ha sido» o más bien, y también, un más preciso «lo que ya no es». Así que, lo mismo que puede ser algo vivificador, un modo de restaurar un instante feliz, es también una evidencia que te pasa por delante de la cara, por ejemplo, la ausencia de alguien querido o cómo se han desdibujado tus recuerdos con los años, lo cual puede conducirnos a una infinita tristeza.

Retomando el discurso central, lo más curioso de todo es que realmente la mente del yo no sabe por qué se aferra al pasado, qué le lleva a seguir anclada a él, retenida por él, atrapada en él. Se pregunta por qué no se liberó ya de él ahora mismo. Sería mucho más libre si olvidara el pasado, estaría mucho menos condicionada, viviría mucho menos atada y, supuestamente, sería más feliz. Pero no quiere o no puede o no sabe cómo librarse del rastro. Le da miedo soltarse completamente, cortar los hilos invisibles, romper con todo lo vivido. Le da miedo y pena. No se siente capaz.

Pensar en el pasado le proporciona un cierto confort, le produce una cierta sensación de bienestar, de pertenencia, de familia, de casa, de hogar, de

---

3 Parafraseo libremente algo que cuenta el fotógrafo Joan Fontcuberta en la introducción a su libro *Imágenes latentes*.

amistades, de vida, de amor. Olvidarse de todo eso le hace sentir desnuda, vulnerable, extraña, fría, oscura. El pasado le hace sentir «humana», según ella misma dice, la hace creer que forma parte de algo, que pertenece a algún sitio. Romper con todo eso le genera inseguridad, tristeza, ansiedad, miedo, vacío. Olvidar el pasado es olvidar quién es. Olvidar es morir, o eso cree. Y no quiere morir, no quiere olvidar quién es ni quién era.

En suma, prefiere vivir con la presencia constante del pasado que dejar morir a este para así poder vivir en plenitud; elige vivir con los espíritus del pasado antes que la vida en su plenitud. Prefiere estar rodeada de fantasmas a relacionarse con los vivos, opta por la muerte antes que por la vida, elige vivir con la muerte en lugar de morir para nacer. El miedo a morir le impide vivir plenamente. Vive muerta porque tiene miedo a morir y a vivir. Realmente, a lo que de verdad tiene miedo es a vivir, a abrir los ojos y ver la verdad, a relacionarse con la vida tal y como es. Tiene más miedo a vivir que a morir. Elige existir medio muerta, o casi muerta, antes que vivir plenamente. Esa es la verdad. ¡Le da pánico vivir!

La mente vive falsa-mente, no real-mente.

El camino nunca es lineal. A veces, cuando uno cree que está mirando al pasado, realmente está caminando por ese tramo otra vez. Nada es lo que parece.

Espiral doble. Ramas y raíces

Observarse sin juzgarse nos lleva a una serie de conclusiones. No juzgar no significa negar lo que es, significa no calificar lo que es como bueno o malo. Algunas de esas realizaciones son las que siguen.

La mente del yo se reconoce imperfecta, humana, egoísta, interesada, vanidosa, egocéntrica, rencorosa, dolida, cansada, triste, desilusionada. Así es ahora también. Esa es la verdad. Uno no es la mente del yo, pero también es conciencia de esa mente del yo.

La mente del yo siente cómo un día empezó a alejarse del yo y cómo, desde hace un tiempo para acá, comienza a acercarse a uno, siendo ese uno la esencia, el no-yo. Es un viaje en círculos, con vectores hacia arriba y hacia abajo. Es un viaje en espiral, en dos espirales opuestas. Una espiral sube y la otra baja, de forma opuesta y simétrica. Una doble espiral. Como las ramas y las raíces del árbol.

El camino nunca es lineal.

Espiral = espiritual.

¿Realmente se puede perder el tiempo?

La idea de permanecer solo y en silencio genera angustia a la mente del yo, porque teme estar perdiendo el tiempo. ¡Qué curioso! ¡Como si el tiempo pudiera perderse! ¿Perderse dónde? ¡Como si el tiempo fuera una propiedad y pudiéramos perderlo! Como si el tiempo fuera un objeto, algo que se tiene o no se tiene. Como si el tiempo fuera ajeno a uno. ¿Porque si somos todo y somos uno, acaso no somos también el tiempo? En ese caso, en el caso de que el tiempo y nosotros seamos uno, ¿cómo podemos perderlo?, ¿cómo podemos perdernos? Quizá sea la mente del yo la que se pierde en el tiempo.

¿Cómo se relaciona la mente del yo con el tiempo? ¿Tiene miedo de perderlo, de que pase como pasa un tren por una estación sin parar? ¿Acaso el tiempo se detiene, avanza o retrocede? ¿O es nuestra percepción del tiempo, la elaboración de la mente del yo la que hace que sintamos el tiempo como un objeto que se mueve o se detiene? Si uno es el tiempo y uno es eterno, entonces el tiempo también es eterno y lo que es percibido como el transcurso del tiempo es tan solo una hipótesis explicativa elaborada por la mente del yo, que es sencillamente errónea. Quizá la idea del tiempo no se ajuste a la verdad. Quizá la mente esté completamente equivocada en la idea sobre el tiempo y no sea capaz de ver la verdad del tiempo, si es que el tiempo existe —que uno intuye que no existe—. En capítulos anteriores vimos otra aproximación a la dimensión del tiempo como algo estático.

Nunc stans, eterno presente. Y es que el camino nunca es lineal.

El narcisismo extremo y la importancia

El narcisismo es la expresión del sentimiento de importancia del yo. Para el narcisista es importante sentirse importante.

El narcisista se siente atacado cuando algo o alguien cuestiona, minusvalora o no ve la importancia que su ego le da.

La mente narcisista valora todo constantemente en términos de importancia.

Si la mente del yo considera que algo es importante, despierta su interés y le presta su atención. Si la mente del yo considera que algo no es importante, no tiene interés, intenta alejarse de allí y, si no puede escaparse, se siente mal.

El ego piensa de la siguiente manera:

> Quiero ser alguien, quiero ser reconocido y por eso me hago notar y llevo tan mal sentirme invisible, ser ignorado. Porque busco ser alguien y busco eso en los demás. Ni tan siquiera me conformo con ser alguien, no me basta con eso, quiero que los demás se den cuenta de que «soy». Y, además, no quiero ser cualquiera, quiero ser más y mejor que los demás, quiero la admiración de los demás.

Es el narcisismo la fuerza que tira de la mente del yo alejándose del Uno, llevándose a sí misma a lugares donde realmente no quiere ir y donde ni tan siquiera quiere permanecer.

Respirar. Pedir ayuda. No estamos solos.

No hay actores, solo actos

Cuando damos un paseo, no existe el yo que pasea, solo existe el paseo y la conciencia del paseo. Cuando nos enojamos, no existe el yo que se enoja, solo existen el enojo y la conciencia del enojo. Cuando sentimos placer, no existe el yo que siente placer, solo existen el placer y la conciencia del placer.

Por ende, no existe ningún yo.

A la mente del yo le resulta muy difícil comprender esto. Le cuesta muchísimo trascender la idea del yo, con el que se identifica plenamente. Pensar que yo no existo le resulta tremendamente complicado de comprender.

Yo no existo, pero sí que existe la existencia y todo lo que es. O quizá ni eso sea cierto.

El problema es que de toda la existencia la mente del yo solo se identifica con una parte pequeñita a la que llama «yo». Pero, en realidad, lo que existe es la existencia, la cual incluye y engloba todo en una única unidad indivisible.

El yo es la incomprensión de lo que es. Cuando uno comprende lo que es, no hay un yo. Más adelante volveremos sobre la no-existencia, que ya vimos en su momento.

La niebla del ego

La mente del yo observa aquello a lo que llama «seres humanos», se observa a sí misma y solo ve egos, todos diferentes, cada uno centrado en un tema distinto, pero, al fin y al cabo, egos. Le cuesta muchísimo ver más allá del propio ego y del de los demás.

El ego es como una niebla densa que oscurece la visión de la verdad.

El problema de la humanidad es el ego.

La mente del yo se siente incapaz de despegarse del ego, de librarse de la idea del ego, de dejar de identificarse con él. Desde la mente del yo el ego controla todo, domina todo, organiza todo, es todo. El ego es posesivo, invasor, dominante, crítico, juzga y condena.

A la mente del yo le entristece estar encerrada en el ego, estar limitada por él, identificarse con él. Nota cómo el ego lo aísla del mundo, de lo que es, de la verdad, de Dios. Aun así, vuelve al ego una y otra vez. Es como estar dentro del ojo del huracán, un lugar del que parece imposible escapar. El ego zarandea la mente del yo, la voltea, la aprisiona, la ata, la corta, la daña, la hiere, la mata.

El ego es la prisión, el infierno de la mente del yo.

La mente del yo no comprende lo incomprensible

La mente del yo, lógicamente, no comprende lo incomprensible, no comprende cómo si existe algo todopoderoso permite la existencia del ego. No se traga lo del velo del olvido ni lo del libre albedrío. El ego es una anomalía que no alcanza a comprender. No comprende por qué hay ego. ¿Cuándo una conciencia sin ego?

El ego es una anomalía de la conciencia. O eso cree la mente del yo.

La conciencia es darse cuenta, y ese darse cuenta solo puede ocurrir en el presente. Por eso la conciencia solo existe en el presente. El conocimiento es un residuo de la conciencia, basado en el recuerdo, pero no es conciencia.

La mente del yo solo concibe la existencia como una decisión de la conciencia de experimentar este estado tiempo-espacio en forma humana. Desconoce el para qué de esta elección, si es que es una elección. El problema surge cuando la conciencia parece quedar atrapada en el ego y desconectar de todo lo que es, quedándose solo con aquello con lo que se identifica y comprende e ignorando todo lo demás. Pero ese es únicamente un problema de la mente del yo. La conciencia no se queda atrapada en ningún lugar, no tiene forma. O eso cree la mente del yo.

El yo es hedonista

La mente del yo es adicta a la sensualidad, ya se presente en forma de cuerpo humano, de objeto o de comida. Es adicta al placer, a sentirse bien, a estar en paz, a lo bello, a lo bonito, a lo agradable. La mente del yo no es libre, porque es esclava de aquello que percibe como bienestar, sierva de la tranquilidad, de la satisfacción, del placer en general. Es esclava de las sensaciones agradables, de las ideas atrayentes, de los pensamientos gratos, de los buenos momentos.

La mente del yo es adicta a lo placentero, al hedonismo. Rechaza lo desagradable, lo que no le gusta, lo que le hace sentir mal. Vive por y para las sensaciones placenteras. Evita el sufrimiento, el malestar, el miedo, el desasosiego, la inquietud. Huye de la turbación, de los problemas, del conflicto, y esa huida le genera más inquietud, más problemas y más conflictos. No se sienta a solas y en silencio a observarse a sí misma con los problemas, con la angustia ni con los conflictos. Esa es la verdad del yo.

El camino nunca es lineal.

¿La función hace al órgano?

La mente del yo no es capaz únicamente de ver.
La mente del yo ve y juzga.
¿Quién es el que ve?
Es la mente del yo la que ve y juzga.

Ver requiere no juzgar.

Ver de verdad...,

solo ve de verdad quien no ve con la mente del yo.

La verdad es invisible a la mente del yo.

Aquel que juzga, no ve.

La que juzga es la mente del yo.

Ver genera paz.

Juzgar genera intranquilidad.

Quien busca, no ve.

La mente del yo es la que busca.

No hay un centro que vea.

Quien ve, trasciende el ego y se transforma en visión. La visión es y no tiene capacidad de juzgar. La mente del yo es la que cree que ve, pero no es visión de aquello que es visto. A la mente del yo le resulta imposible comprender que puede existir la visión sin alguien que vea, no concibe la existencia de la visión sin el centro visor.

La función hace al órgano en la vida biológica y esa forma de pensar lleva a la mente del yo a planos más profundos de existencia. Por eso la mente del yo solo concibe la función de ver, la vista, cuando existe un órgano que ve, el ojo, y un órgano que procesa lo que el ojo ve, el cerebro.

Para ver no se necesita el ojo ni el cerebro ni la mente del yo que ve. Ver es un acto incomprensible para la mente del yo, que no requiere de una mente que ve. Ver es un acto, si se quiere, divino, aunque la mente del yo desconozca el significado de esa palabra.

No es fácil ver, es casi imposible ver. Para ver hay que tener no tanto una mente del yo desconectada, sino una no-mente.

Uno ve cuando no es uno.

Mientras exista un uno, no existirá la visión. Uno puede aspirar a ver, pero uno nunca llegará a ver mientras siga siendo uno.

¿Quién es el que ve? Nadie ve, solo existe la visión.

La mente del yo utiliza su capacidad de ver para apoderarse de lo que ve, para apropiarse de lo que ve, para transformar a su conveniencia lo que ve, no para darse cuenta de qué es lo que ve. Uno es lo que ve y mientras siga siendo uno, no ve.

Entonces, ¿qué es lo que ve la mente del yo? Pues solo se ve a sí misma, porque mientras exista una mente del yo que ve, no existe la visión de lo que es.

En conclusión y resumen: ¿quién ve? La mente del yo. ¿Qué ve la mente del yo? A sí misma. ¿Puede ver la mente del yo más allá de sí misma? No. ¿Quién ve más allá de sí mismo? Nadie. ¿Qué hay más allá de uno mismo? La verdad. ¿Puede la mente del yo intuir qué hay más allá de sí misma? No. Solo puede intuir que todo lo que es está más allá de sí misma, pero no puede intuir qué es ese todo.

La luz más brillante nace de la observación de la oscuridad más profunda.

Podríamos hablar de «autoespiritugrafía», «autoanimagrafía» o de «autopsicografía», de eso va esta colección de libros también.

La relación más sana es la relación sana con uno mismo.

La verdadera revolución comienza en la comprensión de uno mismo.

(Fin del libro 2)

Hacemos un pequeño descanso. El camino es largo y conviene ir procesando todo lo que hemos caminado. Puede parecer que apenas nos hemos movido hasta ahora, pero lo cierto es que hemos avanzado mucho, también retrocedido mucho, pero sobre todo hemos cambiado. No somos ya los que iniciamos el camino. Así funciona el camino, ese es el efecto que tiene sobre todos y cada uno de nosotros. Sabemos que siempre que lo necesitemos podemos parar, respirar y pedir ayuda, en el convencimiento de que no estamos solos. Interiorizar esto es probablemente una de las mayores enseñanzas del camino, porque, como ya hemos dicho, no se trata tanto de caminar como de aprender a caminar.

Y saber que podemos parar, detenernos a respirar profundamente cada vez que lo necesitemos, saber que hay otros a nuestro lado y que podemos pedirles ayuda, hace que el camino sea un camino completamente diferente al que hasta ahora estábamos recorriendo solos y, muchas veces, perdidos. Si hemos conseguido interiorizar estos extremos, estaremos en disposición de seguir adelante. Habrá altibajos, y al igual que ahora, tendremos la sensación en multitud de ocasiones de retroceder en vez de avanzar. Y así tiene que ser. Pero, como es lógico, todo cambia cuando uno ya ha experimentado en su propio ser la naturaleza cambiante y esquiva del camino.

La familiarización con la naturaleza cambiante del camino es un hito que podemos celebrar en la intimidad, y también compartir con aquellos con los que nos sentimos más cercanos. Además, probablemente nos sentiremos de alguna manera impulsados a dar a conocer lo que hemos aprendido incluso con esos desconocidos con quienes cruzamos nuestras miradas. Porque, una vez que uno comprende que está en el camino y entiende la naturaleza transformadora y cambiante del camino, tiene la necesidad de compartirlo con el resto de seres con los que se cruza. Esa es su belleza, que no solo transforma a quien lo recorre, sino que le impulsa a compartir lo que está experimentando. Compartid vuestra experiencia si lo consideráis oportuno. Si preferís mantener la intimidad que habéis alcanzado entre el camino y vosotros, que así sea. Recordamos que este camino no es el mismo para todos. Esa es su grandeza, la capacidad que tiene de adaptarse a cada uno de nosotros y de darnos y quitarnos lo que necesitamos en cada momento.

Nos vemos en el camino.

Continuamos en el libro 3. Veremos nuevas perspectivas, estaremos ante avances y, sobre todo, habrá retrocesos, decepciones, más dudas, más preguntas y menos certezas. Así es el camino. No estamos solos.